HENRI JOLY

MEMBRE DE L'INSTITUT

LES CRISES SOCIALES DE L'ITALIE

REGIE DU DÉPÔT LÉGAL

BIBLIOTHÈQUE NATIONALE

Le 24-7

A Volum 573

Librairie académique PERRIN et Cie.

LES CRISES SOCIALES

DE L'ITALIE

8 K
6486

OUVRAGES DU MÊME AUTEUR

L'Instinct. 2ᵉ éd. (Fontemoing)
L'Imagination. 5ᵉ éd. épuisée (Hachette)
Cours de philosophie — épuisée.
Le Crime. 3ᵉ éd.   (Cerf)
La France criminelle.   (id.)
Le Combat contre le crime. (id.)
La Belgique criminelle.   (Gabalda)
L'Enfance coupable.   (id.)
Le Bᵗ P. Eudes. 4ᵉ mille   (id.)
S. Ignace de Loyola. 10ᵉ mille   (id.)
Ste Thérèse. 16ᵉ mille   (id.)
Psychologie des Saints. 19ᵉ mille (id.)
Psychologie des Grands Hommes. 3ᵉ éd. en réim-
    pression. (Spes)
Pour les jeunes. (Bloud)
L'Avenir français. (id.)
Souvenirs.   (id.)
Le Droit féminin. (Flammarion)
Génies sains et génies malades. (Spes)
Malebranche. (Alcan)
    Etc..., etc...

HENRI JOLY

DE L'INSTITUT

LES CRISES SOCIALES DE L'ITALIE

PARIS

LIBRAIRIE ACADÉMIQUE

PERRIN ET Cⁱᵉ, LIBRAIRES-ÉDITEURS

35, QUAI DES GRANDS-AUGUSTINS, 35

1924

Tous droits de traduction et de reproduction réservés pour tous pays.

LES CRISES SOCIALES DE L'ITALIE

CHAPITRE PREMIER

L'unité de l'Italie morale et ses crises

Dans toute organisation vivante, peuple ou individu, une crise est toujours due à des causes multiples. Les unes viennent du dehors, d'un entraînement parti d'une propagande, violente, d'un fait de nature à frapper les imaginations, d'un péril subit ou subitement ressenti qui déroute le cours des idées et leur fait prendre un essor inattendu dans une direction en partie nouvelle. D'autres causes viennent de l'esprit national, de certaines de ses tendances ou trop favorisées ou trop comprimées, de quelques erreurs invétérées, de traditions irraisonnées, d'habitudes factices prolongées par les sophismes de ceux qui dirigent la masse.

On pressent aisément la part que dans les crises italiennes des dernières années, il faudra faire à chacun de ces deux ordres de causes.

Pour mieux mesurer l'action des premières, pour mieux prévoir la disparition inévitable des unes et la durée probable des autres, il est nécessaire de jeter d'abord un coup d'œil sur les secondes. On risquerait de ne rien comprendre aux crises populaires si on n'avait pris soin de toucher du doigt et d'ausculter en quelque sorte le rythme habituel des énergies qui tendent toujours à les ramener vers un type normal. Comprendre une crise, c'est prévoir comment elle tendra à se dénouer, non pour se guérir définitivement de chacune de ses faiblesses, mais pour les maintenir finalement dans une pacification suffisante. Nous serons donc pleinement dans notre sujet en nous demandant tout d'abord ce que l'Italie a de force de résistance et où elle puise elle-même une réserve héréditaire de vie saine. Que cette réserve soit plus ou moins bien organisée, plus ou moins bien conduite, l'essentiel, pour le maintien de son existence et l'originalité de sa mission, est qu'il ne s'y introduise rien de trop délétère et de dissolvant.

A ce titre, il est de stricte justice de reconnaître que le royaume trouvera toujours une ressource puissante de vraie vie sociale et nationale dans le sentiment que son peuple a de la famille. Ce sentiment n'obéit pas précisément chez nous aux mêmes exigences.

Il n'admet pas volontiers les grands éloignements, et l'esprit colonisateur, par exemple, y demeure toujours une exception. La famille italienne ne craint pas les dispersions momentanées, dussent-elles durer longtemps. Souvent, on voit des pères qui, pour soulager la pauvreté de leurs femmes et de leurs enfants, émigrent au loin et restent quelquefois séparés des leurs durant des périodes de trois, cinq, et quelquefois dix ans. Mais la famille n'est pas pour cela dissoute : malgré les misères morales qu'entraîne si souvent un pareil régime, les liens familiaux subsistent : les économies réalisées dans les travaux lointains reviennent au village natal avec une remarquable fidélité puisque le gouvernement même s'y plaît à y voir une des grandes ressources de son budget. Enfin, la famille, quand elle n'a pas émigré tout entière, se reforme au pays d'origine et s'y retrouve telle qu'elle était.

Une autre marque du grand esprit familial de l'Italie, c'est la persistance de sa fécondité légitime. Les naissances ne cessent pas de s'y accroître, les statistiques tout à fait récentes nous en donnent la preuve, et c'est sans doute là, en définitive, ce qui lui offre (sans lui assurer complètement, nous verrons plus tard pourquoi) les chances les plus sérieuses de puissance et de rayonnement.

Une dernière preuve, et non la moindre, de la force et de l'esprit familial dans la Péninsule est la résistance victorieuse qu'a toujours rencontrée l'idée du divorce. L'idée sans doute s'y manifeste de temps à autre quand les suggestions anticléricales et les illusions d'un laïcisme universel viennent tenter quelques minorités agitées ; mais jamais la proposition n'a pu faire de progrès sérieux : tous les gouvernements, si divers qu'ils fussent, ont toujours pris soin de l'écarter.

Visiblement, ces derniers faits se tiennent en une unité réelle, très forte par conséquent. L'idée ne peut pas ne pas venir qu'ils doivent se rattacher à une tradition supérieure, autrement dit, d'ordre religieux.

Dans ce dernier ordre, voyons-nous des conflits et des crises menacer l'unité morale du pays ? Oui, quelquefois et pour un peu de temps ; mais ici quelques explications sont nécessaires. Un homme fort distingué, critique avisé des productions littéraires internationales, écrivait il y a peu de temps, au cours d'un feuilleton, cette phrase qui, de sa part, n'a pas laissé de m'étonner : « L'Italie a un grand besoin de foi, mais elle n'a pas de religion. » Le premier Italien venu s'écrierait que ce besoin de foi est satisfait, et que même il a une religion à laquelle il tient très fort, à savoir la religion catholique. A coup sûr il la pratique à sa manière, il n'y a rien de plus connu que le contraste entre une église française et une église italienne. Allez dans la première : au moment le plus auguste de ses mystères, plane sur elle un silence solennel. Dans le sanctuaire italien, c'est au contraire le moment le plus bruyant de la cérémonie : un bonheur confiant, familier, radieux, y éclate en des accords naïfs et, dans les campagnes surtout, il s'y mêle toutes sortes d'interventions et d'incidents, montrant que le fidèle se tient là pour véritablement chez lui.

C'est pourquoi, au Dieu qui vient de descendre, à la Madone protectrice, aux Saints miraculeux et surtout à ceux de sa localité, il ne craint pas de demander et d'attendre toutes sortes de satisfactions.

Il y a cependant ici, au point de vue social, une réserve à faire. Le peuple italien tout entier a deux passions : toutes deux très fortes et pour lesquelles il lui faut d'égales satisfactions. La première est celle de l'unité de sa patrie, de sa grandeur et de l'éclat de ses succès ; la seconde est celle d'une religion dont il ne tient pas à pénétrer la véritable intelligence, mais qu'il veut voir, elle aussi, servie et honorée. Si les deux puissances paraissent vivre en bonne harmonie l'une avec l'autre, il en est ravi ; s'il paraît y avoir lutte, il en est irrité, il se demande à qui est la faute et il est prêt à se révolter contre celle des deux qui lui semble la plus responsable. Attribue-t-on au Vatican quelque témoignage d'une intransigeance et d'une sévérité inaccoutumée, quelque prétendu empiètement, sur les droits de la couronne, on ne tardera pas à lancer des pierres sur les carrosses des cardinaux. Qu'à ces mani-

festants de la veille on annonce un rapprochement amical, une marque de condescendance
du Souverain Pontife envers les foules assemblées
devant Saint-Pierre, tous alors, y compris des
masses socialistes, tiendront à honneur de ju-
rer dans quelques processions grandioses et à y
suivre avec joie les saintes images, car il lui
semble bien qu'elles lui garantissent l'union et
même la fusion de deux immortelles capitales,
la capitale du vieil empire romain dont l'Italie
revendique toujours l'héritage, et la capitale du
catholicisme universel acceptant, de temps immémorial, que le pape soit toujours un Italien.

On voit, dès lors, où et comment peut gronder
dans les milieux politico-religieux une menace
de crise. Mais dans le monde religieux pris à
part, si on le sent en paix avec les intérêts de la
grandeur nationale italienne, aucune crise n'est
à redouter.

———

L'Italie contemporaine est-elle donc vraiment
une? A-t-elle cette force morale que donne l'entente? La grande majorité de la nation en est
tout à fait convaincue, et cette conviction est déjà
une force qui agit très efficacement pour l'apaisement général.

Au moment des élections, quelles qu'elles fussent, la presse française trouvait que les réunions

préparatoires et surtout les séances de vote avaient été bien tumultueuses : elle enregistra les coups de couteau, compta les morts et les blessés, gémit sur l'imprudence des ministres qui avaient appelé tant d'ignorants à décider du sort de l'État. La presse italienne n'a pas pris au tragique ces bagarres inévitables ; elle a jugé que tout s'était passé normalement. Elle a rappelé les incidents dans les longs articles précédés d'énormes manchettes, comme c'est l'usage ; mais elle n'a point tardé à exprimer ses sentiments de confiance et de satisfaction en caractères au moins aussi gros que les précédents. Les victimes une fois enterrées, personne n'y pense plus. Sans doute les différents groupes tiennent à ce que les étiquettes sous lesquelles ils se rangent soient fortement colorées : car le soleil du Midi n'admet pas volontiers les demi-teintes. Mais finalement on se met d'accord ; car les gens ne tiennent jamais à pousser leur propre logique à un point où le souci d'être conséquents avec eux-mêmes risquerait trop de les gêner.

Il y a quelque temps, j'avais le plaisir de me trouver avec un professeur d'histoire d'une Faculté des Lettres lombarde, homme très catholique, très pieux, très dévoué aux œuvres de propagande et aussi séduisant qu'il est actif et instruit. « Avez-vous, lui demandais-je, beaucoup à souffrir chez vous de l'hostilité des anticléricaux et de certains autres anti...? » Très vite il m'interrompit : « Non, non ! chez nous il n'y a pas deux Italies ! » Il est vrai qu'il se reprit presque aussitôt pour me dire : « Excepté toutefois chez les socialistes qui, de plus en plus, sont franchement athées. » Soit. Mais les dissidents trouvent toujours quelque moyen de s'entendre. A Padoue, à Bologne... et ailleurs, les savants vous diront qu'on peut très bien être à la fois athée et religieux; ceci est monnaie courante et reçue : on l'échange sans scrupules.

Dans la conversation que je notais il y a un instant, l'un des interlocuteurs (qui n'était ni un Italien ni un Français, mais un Génevois très distingué) ne put s'empêcher d'objecter tant de condamnations, tant de mises à l'index, tant de suppressions et, d'autre part, tant d'appels à la rupture. Le conciliateur eut une réponse qui revint bien des fois dans la conversation (je ne fus pas le seul à le remarquer) : « Oui, c'est vrai, mais il est si sincère ! » Assurément, c'est une belle et respectable chose que la sincérité, pourvu que le mot ne recouvre pas une confiance trop naïve ou trop de subtilité dans l'art d'effacer ce que l'on ne veut pas voir trop distinctement. Le grand poète bolonais devait être très fier de son célèbre hymne à Satan; mais tout lettré vous dira qu'en faisant cadeau à une jeune fille d'un livre de messe choisi, il ne manquait pas de lui écrire une dédicace édifiante où il lui souhaitait de prier toujours dans un bon italien. Tout cela se sait et tout cela fait qu'on est extrêmement loin, en Italie, d'attacher à une mesure de sévérité du Saint-Siège l'importance qu'y attache un Français, prêtre ou laïque.

A une autre extrémité du royaume, un homme de premier mérite, écrivain brillant, profond érudit, profond penseur et occupant par surcroît une situation politique de premier ordre, se marie et il ne se marie pas précisément dans son monde. Or, il est fondamentalement hégélien. Vous pensez vraisemblablement que chez nous un tel personnage ne se marierait que civilement. Eh bien! c'est exactement le contraire qui est arrivé. L'illustre hégélien refusa de se marier devant le syndic — autrement dit, devant le maire — et il tint à s'unir religieusement devant le prêtre. Pour en trouver un d'ailleurs, il ne devait pas être embarrassé. On m'affirma que, ayant fondé une œuvre pour la propagation de l'instruction, il tint à former lui-même son bureau. Et qu'y mit-il? pour président, un abbé; pour vice-président, un autre abbé. Certes, quand on fait une Italie aussi large et aussi ouverte, on peut bien soutenir avec sincérité qu'il n'y en a qu'une.

Il n'est pas surprenant non plus que tant d'Italiens du midi, du centre et même de la Toscane aient toujours cherché un Pape « conciliateur ».

Un instant, il est vrai, une partie de la Franc-Maçonnerie, qui s'attaquait à l'institution même de la papauté, se crut assurée de quelques succès.

Ce fut comme un jeu d'opposition qui ne dura pas. Ce n'est décidément pas du côté des controverses religieuses qu'on peut chercher aucun aliment des crises sociales de l'Italie.

*
**

Faut-il en chercher de plus sérieux dans la survivance des conflits ethnographiques? Non, pas plus que dans les souvenirs bien effacés des monarchies et des principautés abolies. L'esprit de lutte et la passion de la discussion subsistent toujours, mais ne se font sentir que de partis à partis : or, ces partis eux-mêmes sont assez mouvants et flottants, variant souvent du simple au double en une même région.

Il est bien sûr que ces régions ont un intérêt différent, qui varie avec la condition des lieux, la nature des produits et des cultures avec la prédominance plus ou moins grande d'une classe ou d'une autre, enfin avec l'intensité de ces foyers de propagande qui, en Italie, s'allument et s'éteignent avec une même rapidité. Il est superflu de revenir ici en détail sur les diversités de culture, d'organisation du travail, et de conditions économiques enfin qui sont bien connues. Tout le monde sait que la majeure partie du Piémont est un pays de petite propriété, où l'on se dispute le moindre petit coin de terre, comme il arrive en tout pays montagneux. Aussi la population y est-elle conservatrice : elle réussit même à garder la majorité dans ses conseils municipaux, malgré le nombre des ouvriers industriels qui sont venus se grouper dans Turin. La Lombardie comprend deux bandes de territoire superposées : la partie septentrionale est peuplée de petits travailleurs très pacifiques, très religieux, très catholiques; la partie méridionale court le long du Pô, et là, les conditions naturelles n'ont pu que favoriser l'extension de grandes propriétés auxquelles la partie la plus éclairée du clergé a dû rappeler sérieusement ses devoirs de justice et d'humanité. Quand on s'avance vers l'Est, on trouve une Vénétie active et intelligente, sans être précisément turbulente, et qui donne généralement à l'Europe de bons émigrants. Que l'on descende un peu plus, on trouvera le Parmesan et la Romagne, pays extraordinairement agité, où les travailleurs affluent, parce que de bonnes conditions les y attirent : mais cette affluence même les y amène presque toujours en nombre disproportionné, de telle sorte que les divisions y éclatent et s'y multiplient non seulement entre possédant et non possédant, mais entre groupes de travailleurs dont chacun entend défendre, les armes à la main, s'il le faut, ses moindres signes de ralliement, fussent-ils les plus enfantins.

De l'Italie du midi, j'ai parlé ailleurs et longuement. Qui ne sait, du reste, que le sol lui-même y aurait un besoin continuel de reconstitution, d'assainissement: qu'un urbanisme excessif y rend les conditions du travailleur rural vraiment trop pénibles. La population cependant ne cesse d'y augmenter, mais à la condition d'envoyer au loin des masses d'émigrants dont la proportion avant la guerre de 1914 se chiffrait par centaines de mille.

CHAPITRE II

Du Nord au Centre et au Midi

Des travaux successifs sur l'état social de l'Italie, soit dans les provinces du nord, soit dans celles du sud, ont été favorablement accueillis par les journaux et les revues de la Péninsule. L'*Economista italiano*, tout en reconnaissant avec beaucoup de bienveillance ce que ces enquêtes menées sur place avaient de sincère et de consciencieux, exprimait toutefois un regret. L'auteur, disait-il, ne s'était point assez souvenu qu'entre le nord et le midi du royaume, si différents à tant de points de vue, se trouve le centre et que cette région intermédiaire sert, entre les deux autres régions, de « trait d'union efficace ». Ces derniers mots étaient ainsi insérés en français dans le texte italien.

Qu'il y eût un centre et que ses caractères, soit ethniques, soit économiques, dussent être à égale distance des deux extrêmes, je ne pouvais guère ne pas m'en douter. Seulement, il est difficile d'étudier tout à la fois. L'étude du nord et celle du midi m'avaient demandé plusieurs voyages successifs. J'étais prêt à en faire un nouveau et à combler la lacune regrettée. Ce sont donc les résultats d'une troisième enquête que je résume aujourd'hui.

Les **régions centrales** de l'Italie, c'est-à-dire l'Ombrie et le Latium, ne connaissent ni les plaines unies et fertiles des rives du Pô, ni les fondrières et les recoins escarpés de la Calabre. Elles ne doivent présenter, — chacun est prêt à le supposer et même à l'affirmer *a priori*, — ni l'esprit d'entreprise et les méthodes réfléchies des populations lombardes et piémontaises, ni les chaudes et vives passions du pays napolitain. Mais il ne s'agit pas seulement ici de nuances à observer dans la lumière des paysages et dans les mobiles physionomies qu'elle illumine. Il s'agit de voir dans quelle mesure les provinces centrales servent, — comme on me l'a dit, — de « trait d'union efficace ». Les institutions et les mœurs du nord, ses créations économiques et sociales, ses associations et ses ligues, ses coopérations pratiques et populaires, ses unions de propagande, tout cela fait-il ici comme un **stage** ? Y reçoit-il une préparation lui permettant de se faire mieux agréer de provinces jusque-là trop difficiles à entamer ? Ou bien est-ce ici un milieu que le mouvement venu d'ailleurs ne peut guère traverser sans s'y amortir ? C'est là une question analogue à celle qui se pose dans une assemblée où le centre peut aider la droite et la gauche à mieux s'entendre, comme il peut au contraire les empêcher de communiquer l'une avec l'autre.

Mais ne présumons rien et observons. Des pays qui ont une si longue histoire, de si émouvants souvenirs et de si beaux sites méritent bien d'ailleurs d'être étudiés sans parti-pris.

**

En style administratif, l'Ombrie est généralement appelée en Italie province de Pérouse. L'antique Pérouse, en effet, *urbs antiqua Perusiæ* (elle était déjà qualifiée ainsi par les historiens latins), devenue actuellement le chef-lieu de la province, est une ville très intéressante : mais sa situation à l'extrême limite occidentale, non loin du lac Trasimène, et surtout ses vieilles traditions, ses édifices et ses portes monumentales aux masses sévères et indestructibles en font une ville plus étrusque qu'ombrienne. Or, dans le cours des siècles, Étrusques et Ombriens ne paraissent pas avoir éprouvé entre eux une bien grande affinité. Peu nous importerait d'ailleurs, si une très ancienne tradition, datant d'un historien latin d'origine gauloise, n'attribuait aux Gaulois et aux Ombriens une origine commune. Cette parenté, il paraît que certaines analogies relevées par les philologues la rendent vraisemblable... A-t-elle été compromise ou raffermie par les incursions et les pillages des compatriotes de Brennus, quand ceux-ci allèrent des Alpes au Capitole et errèrent quelque temps sur les flancs des Apennins ? Après tant de siècles écoulés, il ne vaut guère plus la peine de se le demander. Mais la curiosité ainsi endormie se réveille lorsqu'on arrive à l'immortel héros ombrien, à saint François d'Assise. Sa mère était-elle vraiment Provençale ? Les contemporains l'ont affirmé ; ils devaient avoir de bonnes raisons pour le croire et pour le dire. Il est certain, d'autre part, que son père fréquentait beaucoup la France, l'aimait beaucoup, et que c'est précisément cette sympathie qui, à la suite d'un de ses voyages, lui fit changer le prénom de Jean, donné d'abord à son fils, pour le prénom de François, jusqu'alors inconnu en Italie. Ceci n'est plus une tradition, ni une légende ; c'est un fait prouvé.

Que l'esprit vif, chevaleresque, aimable, entousiaste et poétique de notre France aux approches du grand treizième siècle ait ainsi pénétré dans la province centrale de la Péninsule, il ne nous est pas défendu de le croire ; il ne nous est pas non plus défendu de penser qu'une pareille greffe n'était pas inutile à l'arbre rustique. Une grande revue italienne publiait, il y a vingt ans (1), un

____

(1) *Rassegna nazionale*, décembre 1902.

article où se lisaient les lignes suivantes : « L'Ombrie eut une période militaire ou soldatesque. Sur quatre-vingts condottieri marquants, elle peut en revendiquer cinquante ; mais ce qui lui manque, c'est un but assez noble pour justifier l'effusion de sang et les massacres. » Très certainement, saint François d'Assise a beaucoup plus donné à sa province natale qu'il n'en a reçu. On peut dire, sans ombre de paradoxe, qu'il en a embelli la vue même, par les images que son souvenir nous fait mélanger partout aux impressions qu'en reçoivent nos yeux. Elle a certes de beaux horizons, et ses paysages sont à bon droit célèbres pour la sérénité de leurs grandes lignes, que la lumière du ciel d'Italie adoucit sans rien leur enlever de leur noblesse. Mais ils sont quelquefois bien secs, et les forêts qui recouvrent la plupart de leurs montagnes inspirent plutôt le respect que la gaieté. Or saint François d'Assise était gai ou, pour mieux dire, joyeux, au milieu même de ses plus dures austérités. Il était gracieux, spirituel, ami de la fantaisie et de l'imprévu (1). Tel il avait été sous les brillants habits

(1) A tous les amis du saint qui souffrent du si grand nombre d'images prodigieusement enlaidies où l'on a la prétention de le figurer, j'en signale une dont l'authenticité mériterait bien d'être étudiée de près. Dans un portail de la cathédrale de Burgos est une petite niche enfermant une tête attrayante, d'une physionomie encore assez jeune, ouverte, où se lit quelque chose comme l'aisance d'un bour-

de sa folle jeunesse, quand, à la tête de ses compagnons, son bâton de commandement à la main, il faisait nuitamment retentir les rues d'Assise de ses chansons françaises. Tel il était quand, pour bien montrer qu'il renonçait à tout avantage temporel, il se présenta nu devant son père et devant les témoins de sa conversion. Tel il fut, enfin, sous le cilice et sous le froc du frère mendiant, comme dans les élans lyriques dont il faisait retentir ses grottes et ses cellules. Si l'imagination des pèlerins de l'art et de la piété revient toujours si pénétrée du charme ombrien, certes, le pays y est pour beaucoup ; mais les souvenirs du Séraphique y sont pour bien plus encore. Lorsque, du haut de la montagne d'Assise, vous contemplez le soleil se couchant sur cette église de Sainte-Marie des Anges encadrant la Portioncule, on vous rappelle immédiatement, — si vous n'y songiez vous-même, — cet embrasement légendaire du ciel au jour où les religieux assistaient, à une distance respectueuse, au dernier repas commun, ou plutôt à la dernière entrevue de saint François et de sainte Claire. Autrement, que vaudraient ce hameau si plat et

geois élégant, lettré et spirituel. On vous dit à Burgos que c'est là une sorte d'instantané de saint François d'Assise. Se rendant au Maroc, il s'était arrêté à Burgos et contemplait les progrès de la cathédrale en construction. Un sculpteur, occupé à son travail, le vit, le remarqua et reproduisit aussitôt ses traits.

cette gare incommode, qui est venue en aggraver la banalité ? Cela est si vrai que ceux qui passent là pour la seconde fois s'étonnent de la vulgarité des lieux. A une première visite, ils n'avaient, pour ainsi dire, eu d'yeux que pour le passé, dont ils apportaient avec eux tant de souvenirs, et de souvenirs encore avides de ressusciter leurs objets tels que l'enthousiasme se les figure. C'est une illusion à laquelle on voudrait céder encore davantage quand, aux fêtes solennelles, dans le pré indiqué par la légende, sont allumés de grands feux, pour rappeler la lumière miraculeuse. Lorsque, des constructions, si intelligemment conservées pauvres et rustiques, de Saint-Damien, vous plongez dans ces champs d'oliviers qui descendent et remontent en des ondulations indéfinies, le moine qui vous accompagne ne manque pas de vous dire : « Vous êtes ici sur l'étroite terrasse d'où la douce cloîtrée, dans les intervalles de ses prières, aimait, elle aussi, à contempler cette large nature. » Tout de suite, le charme de la voyante s'empare de vous, sans que vous puissiez bien démêler ce que le paysage vous donne de lui-même et ce qu'il vous renvoie de ces émouvants souvenirs.

Par des chemins ou plutôt des pistes qui ne sont accessibles qu'à des pieds d'excursionnistes ou à des bœufs, à travers des pierres et des rochers qui donnent parfois l'image du chaos, vous montez, je suppose, à ces Carceri trop peu visités, vous finissez par avoir devant vous, au milieu même de cette désolation, un immense précipice d'admirable verdure, fermé au nord, mais pleinement ouvert à la splendeur du midi. Comment le saint y pénétrait-il, alors que, sans doute, nul semblant de chemin n'y donnait accès ? Comment y vivait-il ? On raconte qu'il dormait, soit dans un lit de pierre, une sorte de sépulcre, avec un oreiller de bois (1), soit simplement dans le creux d'un rocher. Mais, ici, les rochers sont tous enveloppés d'arbres magnifiques, et ces arbres complaisants se laissent attribuer des âges qui les rapprochent des temps où les oiseaux y écoutaient les prédications de leur saint ami.

Mais voici qui, dans ce mélange de beautés naturelles et de souvenirs humains plus captivants encore, nous donne de nouveau à réfléchir et à nous demander : du personnage et du paysage, quel est celui des deux qui doit le plus à l'autre ? Dans vos promenades champêtres, n'essayez de rapporter aucun bouquet, vous seriez déçu. Un savant bénédictin, perdu avec trois autres Pères dans l'ampleur dénudée d'un monastère construit pour abriter cinquante religieux, me fait la révélation suivante : « Dans toute l'étendue de cette Ombrie si poétique ou si poétisée, vous chercheriez vainement une fleur qui

(1) On vient souvent y coucher les enfants malades ou estropiés.

ait du parfum, vous n'en trouveriez pas. — Quoi !
Si près de Sainte Marie des fleurs de Florence et
dans le pays même des *fioretti* ? » Eh ! bien, oui :
et nous voici ramenés à ce qui, tout à l'heure,
pouvait sembler un paradoxe : ce n'est pas la
nature ombrienne qui a donné les fioretti, les
« petites fleurs », au saint d'Assise et aux poètes
franciscains que sa mémoire a inspirés ; c'est leur
poésie à eux qui a fleuri et embaumé les montagnes de leur patrie. Celle-ci leur donnait assurément les lignes et la lumière, ce qui, à vrai dire,
est déjà beaucoup ; mais ce sont eux qui lui ont
donné le charme et le parfum.

Aussi l'Ombrie n'a-t-elle été vantée ni par
Montaigne, ni par le président de Brosses, ni par
Gœthe, ni par Stendhal, qui l'ont traversée dédai-
gneusement, sans la faire aimer ; pour y amener
des admirateurs, il a, falu des Ozanam et des
Ruskin.

*
* *

L'inspirateur de Giotto, de Benozzo Gozzoli et
de tant d'autres artistes devait-il davantage aux
hommes de son pays natal, à ses compatriotes ?
La descente ou plutôt la chute est ici infiniment
plus grave.

Un savant professeur de préhistoire à l'université de Pérouse me dit, — et je transcris mot à
mot : « L'Ombrie justifie encore point par point

ce qu'en ont dit les auteurs latins, en particulier Horace. »

Puisque dans l'antiquité je ne trouve rien de flatteur, je cherche des jugements contemporains. J'ouvre *l'Enquête de la Société des agriculteurs italiens* (Rome, 1902, p. 190) et, à propos de l'Ombrie, je lis ceci : « Nos paysans, paresseux par nature et mal dirigés par des propriétaires ignorants, négligents, sans capital à employer pour l'amélioration des terres, sont accablés de dettes qui les démoralisent de plus en plus. »

Au cours des dix dernières années, l'Italie, dans son ensemble, a fait des progrès qui ne sont pas niables. Il serait étrange qu'une province située comme l'est l'Ombrie n'y eût point participé. Y a-t-elle participé de manière à la relever aujourd'hui d'un jugement si sévère ? J'avoue que ce jugement, je ne l'ai guère entendu contredire avec résolution. Parmi les hommes de toute opinion et de toute profession que je consulte, je distingue ceux qui me renseignent oralement et ceux qui me répondent par écrit. Les premiers ont des sourires et des gestes significatifs quand ils parlent de l'apathie et de la routine de leurs concitoyens. Les seconds y mettent quelques ménagements et cherchent des synonymes moins rudes ou bien apportent quelques timides restrictions. Ils remplacent, par exemple, le mot de paresse par celui d'indolence et celui d'apathie par ceux de douceur et de tranquillité : au lieu de routine on parle d'esprit traditionnaliste, et ainsi de suite. La race est-elle saine et vigoureuse ? Oui, répond-on en général, car le pays est très salubre. Est-elle intelligente ? *Modérément* ; tel est le mot qui revient avec la plus grande régularité. Seulement, quelques-uns ajoutent : « Somme toute, plutôt inférieure à la moyenne. » On insiste sur ce que, dans ses rapports sociaux, la race apporte d'humeur paisible, de bonhomie, de douceur et de résignation, de résignation presque satisfaite chez les travailleurs de la campagne, plutôt triste chez les artisans dont la situation ne fait qu'empirer tous les jours. Le socialisme y fait-il des progrès ? Aucun ; mais, d'autre part, l'esprit religieux s'y maintient-il ?

Ici encore beaucoup louent très volontiers les bonnes dispositions du paysan, très fidèle aux habitudes ancestrales. On ne peut cependant dissimuler que, depuis saint François d'Assise, il s'est passé bien des choses. La domination temporelle des papes n'a point laissé les meilleurs souvenirs. Au siège de la plus importante Union catholique d'Italie, on me dit délibérément : « C'est dans les anciens États de l'Église que l'esprit catholique a le plus souffert, et dans les plus anciens sanctuaires il a perdu encore plus qu'ailleurs. Il n'y a pas de plus mauvaises populations que celle de Lorette. » Au secrétaire si peu optimiste qui me renseigne, je dis : « Mais vous agissez beaucoup pour régénérer ces populations : une organisation telle que la vôtre ne peut que faire beaucoup de bien. » Il me répond : « Oui, nous faisons des manifestations, mais il n'en sort pas grand'chose. » En veine de sincérité ou en un moment de légère acrimonie contre ceux qui ne le secondent pas assez, il finit par s'écrier : « Nous jetons de la poudre aux yeux, *polvere all' occhi.* » Sa franchise m'étonna tout d'abord un peu (1) : mais j'ai toujours à l'esprit cette phrase caractéristique d'une grande revue italienne (2) résumant une discussion engagée en 1911 sur une question des plus préoccupantes pour le royaume : *Dopo lunga, academica e inconcluente discussione.*

En Ombrie même, on reconnaît en partie la ténacité des mauvais souvenirs et on m'en parle avec précision. Ce dont le peuple souffrait le plus, ce qu'il ne voudrait voir revenir à aucun prix, c'est la bureaucratie sous l'aspect clérical, on répète même avec affectation le mot en français. Quand on constate, comme on ne peut pas ne pas

(1) Je suis peut-être obligé de dire, pour donner à tout jugement sa vraie valeur, que celui-ci m'est fourni dans la ville d'Italie qui pèche le moins par excès de complaisance, d'optimisme et, disent les autres populations, de bienveillance... On connaît l'épigramme qui, au moment où la capitale se transportait successivement du Nord au Sud, disait : « Turin voit partir son roi et pleure, Rome le voit arriver et lui sourit. Quant à Florence, peu lui chaud que le roi lui vienne ou la quitte. »

(2) *Rassegna nazionale.*

le faire, à quel point le clergé italien est inférieur au clergé français, au clergé belge, on devine ce qu'il devait apporter de peu recommandable, à plus d'un point de vue, dans l'exercice de ces fonctions, toujours ingrates d'ailleurs et toujours redoutées du pauvre peuple. L'impression en est restée profondément gravée dans les esprits. C'est même par là que l'évêque de Gubbio, prélat jeune, actif et très instruit, m'expliquait lui-même en grande partie la défiance obstinément opposée par la majorité de ses diocésains aux meilleures tentatives du jeune clergé en matière d'œuvres sociales. « Ils ont toujours peur, me disait-il en souriant, de voir reparaître, dans le vicaire qui les convoque, quelque nouveau collecteur d'impôts pontificaux. C'est une idée qu'on ne peut pas leur ôter de l'esprit. »

Assurément, dans cette région réputée pour la multiplicité de ses églises, les lieux sacrés sont en honneur, et les souvenirs de tant de saints n'ont pas cessé d'être populaires. C'est à eux, du reste, que le peuple doit tous ces petits gains qui confinent à la mendicité. Dans Assise, tous les enfants (et toutes les vieilles gens) veulent à l'envi vous conduire à San-Francesco, comme les petits Siennois tourbillonnent autour de vous pour vous mener à Santa-Catarina. A célébrer les grands anniversaires, tout le monde se prête, et en un jour de septembre on pouvait lire, non pas séparément, mais à la suite l'une de l'autre, sur la longueur d'une même affiche, les annonces suivantes : « En l'honneur de sainte Claire et de saint François d'Assise, triduum à Saint-Damien, office solennel, bénédiction, illuminations, foire au bétail et représentation de *Rigoletto*. »

.•.

Ces hommes, d'une intelligence et d'une activité modérées, passent néanmoins pour réussir assez bien hors de chez eux, soit dans les carrières administratives, soit dans les fonctions ecclésiastiques. D'après les registres de l'état-civil qu'on peut consulter à Rome, c'est surtout en Ombrie que se recrutent les nouveaux groupes de la population de la capitale. En dix ans, de 1891 à 1901, ce recrutement spécial a exactement doublé : il a passé de 12.247 à 24.145. Sur les feuilles qu'on veut bien me laisser examiner et où sont inscrites les arrivées des trimestres les plus récents, je remarque cependant qu'il n'est venu de la province de Pérouse aucun homme de profession libérale et savante, très peu de gens voués à des métiers où il faut au moins quelque initiative personnelle ; j'y vois principalement des travailleurs de chemins de fer, des domestiques, des employés, soit au service de l'État, soit surtout au service des particuliers, enfin des hommes et des femmes inscrits sous la rubrique : profession inconnue.

La première catégorie — qui représente une élite sociale — ne peut évidemment fournir des immigrés aussi souvent que la seconde, toujours plus nombreuse et toujours prête à accourir en se donnant telle qu'elle est. Toutes les deux ont pourtant, d'après les juges compétents, un certain nombre de traits communs. En leur langage habituel, les ecclésiastiques de leurs cités disent : « Ils ont tous beaucoup de respect humain, c'est pour nous le plus grand obstacle. » Ils n'entendent pas seulement parler là d'obstacles à la pratique religieuse. Celle-ci, sans doute, est de plus en plus compromise dans la ville d'Assise où l'école laïque, installée dans les locaux confisqués du grand couvent, fait une propagande antichrétienne très dangereuse; mais dans les campagnes elle est généralement conservée; là, ce que le paysan redouterait serait de paraître moins bon catholique que la masse de la population. Au lieu de les éloigner de l'église, la crainte de l'opinion les y retient; car le même sentiment produit des effets contraires, suivant l'état du milieu où ils veulent se mettre quand même à l'unisson des autres. Cette crainte de se faire remarquer en faisant bande à part explique la difficulté qu'on éprouve à les faire sortir les uns ou les autres de la routine et à grouper même les minorités dont on voudrait obtenir un effort en vue du mieux, individuel ou social. Quand ils sortent de leur pays natal, les originaires de l'Ombrie ont donc surtout la faculté de se plier, de s'ajuster à l'esprit de ceux qui les encadrent. Chez eux, ils résistaient aux novateurs, parce que les novateurs étaient des exceptions. Hors de chez eux, ils se font aux habitudes, quelles qu'elles soient, de ceux qui, à tort ou à raison, leur apparaissent comme formant la majorité. Le tout, avec une certaine aptitude à « arriver », mais sans noblesse de caractère. Telles sont les expressions que je retrouve textuellement dans les notes de mes enquêtes. C'est précisément par là que ceux de leurs compatriotes qui les apprécient avec clairvoyance trouvent le secret de bon nombre de ces succès qu'on leur voit obtenir dans l'administration et dans la politique.

*
* *

L'industrie ombrienne est concentrée à peu près tout entière sur le court espace qui comprend Terni, Spolète et Foligno. Elle est due par-dessus tout, il faut le reconnaître, à une intervention publique qui a su mesurer l'importance de chutes d'eau de premier ordre. L'activité privée n'est venue qu'après pour travailler sur les lieux mêmes où les plus puissants moyens d'ation lui étaient fournis tout préparés. Dans le reste de la province, l'industrie proprement dite n'est représentée que par des entreprises minuscules.

Elle trouve cependant, quand elle le veut, une aide d'un autre genre dans ce groupement et cet aménagement de forces collectives qui est si bien dans les traditions italiennes, à savoir l'organisation du crédit et des banques. Cette organisation n'a pas toujours été très heureuse. Le développement même des affaires, les espérances souvent téméraires qu'il excitait, l'impuissance où étaient les banquiers d'ancien système de juger exactement ce que les nouvelles expériences méritaient ou non de crédit, eurent les mêmes résultats que ceux qu'on a signalés en bien des pays. A Spolète notamment, cinq banques privées, plus ou moins reliées entre elles, avaient attiré dans leurs caisses 4 millions d'épargnes locales. Un beau jour, on éleva contre elles un certain nombre de griefs qui, paraît-il, n'étaient point imaginaires. Elles étaient administrées par des hommes qui ne connaissaient que les vieux usages restreints et limités de la petite industrie ; elle n'avaient donc renouvelé ni leur système de renseignements, ni leur comptabilité ; elles se laissaient détourner par des calculs politiques et cédaient à des influences électorales ; enfin elles hasardaient imprudemment des capitaux dans des entreprises improvisées de Terni où les fortunes s'élevaient et s'écroulaient avec une rapidité déconcertante.

Bientôt toutes ces banques firent à la fois faillite.
Ce fut une véritable catastrophe où les procès
achevèrent de dévorer ce qui avait échappé au
premier désastre. Pendant quelques années tout
fut arrêté : le peu d'épargne qui se reconstituait
se réfugiait dans les caisses d'épargne postales
où, bien entendu, il ne profitait guère aux
intérêts de la région. C'est vers 1895 que fut
enfin créée la *Banque coopérative populaire*, avec
un capital de réserve de 400.000 lires et un
ensemble de dépôts de 4 millions ; elle a quatre
succursales dans la province. S'est également
fondé, il y a dix ans, le *Crédit ombrien* avec ses
onze agences. Il a rendu de très grands services
à la municipalité de Spolète, lors de la transformation des usines hydro-électriques ; ces services
ne furent pas perdus : l'institution en reçut à
son tour un surcroît de force et de popularité.

Ces créations, évidemment solidaires des
grandes entreprises industrielles, ne suffisent pas
à donner une idée complète de la vie économique dans la grande majorité de la population
ombrienne, laquelle est essentiellement agricole.
C'est par les caisses d'épargne que celle-ci doit
surtout se juger, puisque, dans le régime italien
de la décentralisation et pour ainsi dire de la
dissémination du crédit foncier, c'est sur elles
que comptent les petites institutions locales, les
petites améliorations à introduire ici et là dans les
irrigations, dans les plantations, dans les agran-

dissements des exploitations rurales, dans l'installation des petits ateliers. Sous ce rapport même, la part de la province est plutôt restreinte. Au 31 décembre 1907, l'ensemble des dépôts des caisses d'épargne italiennes, caisses postales comprises, était de 113,30 par habitant. Pour l'Ombrie, malgré l'essor exceptionnel des caisses de Foligno et de Terni qui bénéficient de la richesse industrielle de la région, la proportion n'était que 53,63 dont environ 36 pour les caisses d'épargne ordinaires (1). Il est vrai que la caisse d'épargne de Pérouse n'était pas encore fondée. Mais, établie seulement en 1909, elle ne peut présenter encore un bien grand développement ; d'ailleurs les si longs délais qu'elle a pris pour s'organiser ne laissent pas d'être assez significatifs.

On s'explique dès lors le jugement peu favorable émané de l'enquête générale de la Société des agriculteurs italiens. On se l'explique d'autant mieux que d'autres institutions, les caisses rurales, spécialement établies pour prêter à l'agriculture, ne figurent guère dans les statistiques particulières de l'Ombrie qu'à titre

---

(1) De 1906 à 1909 inclusivement, le progrès était marqué de part et d'autre par les étapes suivantes : le royaume, 92,39 — 102 — 107,15 — 113,30. L'Ombrie, 40,57 — 48,30 — 51,80 — 53,63. En France, au 31 décembre 1909, la moyenne était, pour l'ensemble des caisses d'épargne, de 139.

d'échantillons ou d'essais. Sans doute il faut tenir compte du chiffre peu élevé de la population. Il est bien évident que la Lombardie, qui a six fois et demie plus d'habitants, doit avoir, ici comme ailleurs, une supériorité très marquée. Mais dans l'ordre de faits que nous signalons en ce moment, la supériorité n'est pas de 6 ou 7, elle est de 182 contre 3. Les Marches, plus voisines, et qui n'ont même pas tout à fait le double de population, arrivent au chiffre de 40. Des provinces qu'on est habitué à considérer comme très arriérées, les Abruzzes, la Calabre, ont simplement le double de population, et aux trois caisses rurales de l'Ombrie elles peuvent en opposer, la première 17, la seconde 22. La Sicile enfin en compte 184, alors que sa population n'est que trois fois et demie plus forte.

De ces trois caisses rurales une seule, faut-il encore ajouter, avait, au 30 juin 1910, fait connaître sa situation financière. Elle avait un patrimoine social de 150 francs et sa caisse possédait en numéraire 404 francs, alors que la triste Calabre en présentait plus de 253.000. Le reste est à l'avenant.

Aussi lit-on sans étonnement dans les journaux les plus récents les plaintes et les appels des publicistes qui exposent comment des créations de caisses rurales sont attendues en Ombrie avec une véritable « anxiété ». A défaut des initiatives locales si lentes, si ombrageuses, si paresseuses, ils réclament celle d'une société mère qui en enfanterait d'autres et les disséminerait. Encore ces vœux sont-ils troublés quelquefois par la crainte naïvement exprimée de voir cette institution centrale prendre avant tout son propre intérêt plutôt que celui des petites caisses fédérées. C'est dire que l'Ombrie n'est pas encore guérie du mal de l'individualisme et de la défiance systématique, dont — pour leur bien — se sont débarrassées tant d'autres provinces. Cette différence se retrouve dans l'intéressant chapitre des *Sociétés agricoles d'achat*. Dans l'Italie tout entière, elles sont au nombre de 420, avec 125.000 membres appuyés sur un capital global de 9.700.000 lires et 4.000.000 de fonds de réserve. Les documents officiels font avec précision la part des différentes provinces, celle de la province de Mantoue, qui est de beaucoup la plus forte, puis celles de la Lombardie, de l'Émilie, du Piémont, des Pouilles... L'Ombrie ne brille là que par son absence complète.

Jusqu'ici, donc, il semble bien que l'idée de présenter cette partie centrale de l'Italie comme un lieu de stage, où les progrès économiques doivent prendre un certain essor pour pénétrer de la région septentrionale dans celle du Midi, soit une idée théorique plutôt préconçue et très aventurée. Il est, en tout cas, on le voit, bien des faits et bien des chiffres qui sont de nature à la contredire.

**

N'y a-t-il donc rien qui vienne remuer ces populations et les entraîner, fût-ce au prix de certaines agitations dont les effets ne pourraient, du reste, être chez elles que plus légers et plus passagers qu'ailleurs?

La petite bande de territoire où sont installées les industries dont j'ai parlé fait naturellement exception. Aussi les ligues ouvrières y font-elles quelque figure : on en compte 43, tandis que le nombre des ligues agraires ne se monte qu'à 13. Des chambres de travail, il n'y en a jamais eu que 2, dont une a, depuis peu, disparu. Ne manquons pas d'observer qu'il n'existe, dans toute la province, aucune ligue catholique d'aucune espèce, ni industrielle, ni agricole, alors que l'ensemble des autres provinces du royaume en compte 697.

Ce n'est pas à dire que les meneurs socialistes aient trouvé, quant à eux, dans le pays, un terrain mieux préparé. C'est encore le clergé qui aurait le plus de chances d'exercer une certaine action. Là où sa jeunesse s'adresse à la jeunesse laïque et le fait sans choquer les habitudes ni éveiller certains soupçons, elle réussit à opérer certains groupements. Mais l'effort est tout récent, et l'on ne fait qu'entrevoir les résultats heureux que ceux qui le poursuivent en espèrent dans l'ordre social. On aimerait pourtant à se dire que, dans le pays de saint François d'Assise et de ses compagnons, les successeurs de ces religieux si secourables aux pauvres gens étudient les conditions nouvelles de la vie rurale pour continuer à son profit la lutte que saint Bernardin de Sienne, par exemple, avait entreprise contre l'usure, grâce à l'organisation d'un crédit raisonnable. Mais l'antique famille religieuse est toujours divisée entre conventuels et observants : les premiers, plus intellectuels, plus studieux, plus intérieurs, préposés surtout à la garde de cette grande église où la piété filiale des successeurs a fait, en quelque sorte, violence à l'humilité du fondateur : les seconds, affectant des allures plus populaires. Les habitants sont toujours aussi habitués aux uns et aux autres; mais on ne voit ni les uns ni les autres travailler autant qu'on le souhaiterait à l'amélioration de la condition ou morale ou économique de leurs concitoyens. Ceux-ci, d'ailleurs, accepteraient-ils partout le conseil et l'exemple d'un certain renouvellement? Quelques prêtres instruits et actifs, au courant des exigences de leur temps, quelques évêques cherchant les occasions de les seconder, cela, on le trouve. La ville de Foligno menaçait d'être entraînée par la brusquerie même de son essor industriel et commerçant vers un matérialisme sectaire. Un ou deux hommes (un surtout) ont réagi avec vigueur et, semble-t-il, avec succès. Présentement l'esprit de la ville de Foligno est plus conservateur que celui de Spolète (1), que celui même d'Assise. Loin d'en souffrir, sa prospérité n'a fait qu'y gagner. Mais ces deux zélés ont fort à faire ; car, si j'en crois un numéro du journal fondé par l'un d'eux, les lecteurs de la feuille réparatrice veulent bien recevoir le journal, ils ne veulent pas le payer. Après des instances réitérées, le directeur devait menacer les récalcitrants de publier leurs noms en tête d'un des prochains numéros.

Dans ces dernières années parut se dessiner ce qu'on appelle un mouvement agraire. Le fait était jugé surprenant pour qui connaissait les mœurs patriarcales, simples et tranquilles de l'Ombrie ; signalé à l'envi par les journaux de toute opinion, il eut l'air de vouloir prendre les allures d'un événement national. Il en fut de cette agitation comme de certaines crises internationales, où le sujet apparent du conflit est soit un misérable port de pêcheurs, soit un pauvre village composé de quelques bicoques. Ce qui envenime la querelle, c'est la situation topo-

____

(1) On a pu reprendre à Foligno la tradition des processions de la Fête-Dieu. On ne le pourrait pas à Spolète. Dans cette dernière ville, le maître d'hôtel, homme « important », m'avait dit : « Oh ! ici les gens sont très tranquilles et très catholiques. » J'ai cru un peu plus tard qu'il n'avait pu me le dire qu'avec une nuance marquée de mépris. A ses yeux, pour peu qu'on ait encore de religion, on en a toujours beaucoup trop.

graphique du territoire convoité, c'est surtout la
perpétuelle rivalité des puissances qui se le dis-
putent en vue d'une pénétration plus étendue.
Ici, le champ clos des catholiques et des socialistes fut la petite ville de Gubbio, grossie de ses
alentours. Les grands journaux eurent la joie de
pouvoir inscrire sur leurs manchettes, en beaux
caractères : *Grève de 6000 paysans : les cléricaux
pour les travailleurs, les socialistes pour les propriétaires.*

C'étaient cependant les socialistes qui, dans les
débuts, en 1903, avaient poussé les paysans et les
avaient un instant organisés, mais organisés en
vue de quoi? En vue d'obtenir que la semence de
maïs et celle des fourrages ne fussent plus payées
par le métayer seul, mais le fussent moitié par
le métayer, moitié par le propriétaire. Une grève
s'ensuivit et des pourparlers s'engagèrent qui
durèrent longtemps. A force de discuter, on
aboutit à un nouveau système de pacte. Les propriétaires accordaient la moitié de la semence,
mais ils exigeaient en retour un intérêt de 3 ou
4 pour 100 sur la moitié de la valeur du bétail
qu'ils mettaient à la disposition des métayers.
Après quoi, l'association des propriétaires s'était
dissoute et la ligue des paysans avait, de son
côté, donné congé aux socialistes. Mais un peu
plus tard, cette ligue se réorganisait sous les auspices de cléricaux. Au bout de quelque temps,
les propriétaires, à leur tour, essayèrent de se

soustraire à leurs nouvelles obligations. Plusieurs d'entre eux avaient même réclamé de leurs métayers des prestations de travail extraordinaires et gratuites. C'est alors que, selon la grande presse italienne, les « cléricaux » entrent résolument en scène, soutiennent les prétentions des paysans et encouragent leur résistance aux prétentions des propriétaires. Ceux-ci consentirent bien à promettre que chez eux tous le paiement par moitié des frais de semence serait désormais la loi intangible : mais ils voulaient garder l'intérêt prélevé par eux sur la valeur du bétail, tout en abaissant cet intérêt à 2 pour 100. Les paysans refusèrent, les propriétaires s'obstinèrent, et, irrités de voir l'évêque se poser comme intermédiaire entre eux et leurs gens, mais à l'avantage de ces derniers, ils le dénoncèrent au Vatican.

En 1911, nouvelle menace de grève et, par-dessus tout, nouveaux soupçons de partialité élevés par les propriétaires contre le clergé et son premier pasteur. Ceux-ci déclarent qu'ils s'abstiennent complètement, et conseillent d'ajourner tout débat à l'issue des vendanges. Abandonnés à leur propre inspiration, les paysans n'en proclament pas moins la grève. « L'impression produite est énorme », impriment les journaux les plus sérieux. Qui, en effet, se serait jamais attendu à voir se ranger en bataille sur ce coin perdu de l'Ombrie six mille grévistes organisés — sans compter ceux qui n'étaient point organisés ? Les chefs du parti catholique s'abouchèrent alors de nouveau avec les grévistes dont ils approuvaient hautement les réclamations modérées. Les socialistes, de leur côté, gardaient rancune aux paysans qui, après avoir écouté leurs suggestions dans ce qu'elles avaient de pratique, avaient ensuite refusé d'engager la lutte sous leur direction et sous leur drapeau. En même temps, la municipalité de Gubbio, détenue par ce que les Italiens appellent les partis populaires (lesquels, comme nos radicaux, voisinent avec les socialistes), avait établi une taxe du pain qui lésait les intérêts de la campagne. Celle-ci tint donc plus que jamais à se séparer des socialistes : sur quoi ces derniers, pour se·venger, firent cause commune avec les propriétaires et soutinrent ostensiblement leurs prétentions (pareil fait avait déjà été relevé dans une grève du nord de l'Italie). Des conseils de prudence venaient de haut. L'évêque de Gubbio y faisait droit en prêchant la concorde et la paix, mais il donnait raison au publiciste bien connu dont la propagande, très remarquée, avait été nettement à l'avantage des paysans.

Aujourd'hui, tout est calme. Les familles de métayers, qui ont finalement obtenu gain de cause, ont repris leur vie habituelle, et les familles aristocratiques ou bourgeoises se contentent de réduire leurs dépenses personnelles comme leurs avances à la terre. La petite ville de Gubbio

conserve, plus intacte que jamais, la physionomie qui en fait une des villes les plus curieuses,
quoique les moins visitées, de l'Italie.

Ces vieilles cités, dont Assise et Gubbio sont
les types les plus imposants, sont certainement
bien déchues. Assise avait, dit-on, 3o.ooo habitants du temps de saint François : son étendue
actuelle et le nombre de ses maisons lui permettraient d'en loger 10.000 : c'est à peine si elle
en a la moitié. Gubbio n'est pas moins tombée.
L'une et l'autre, comme un certain nombre de
leurs émules d'autrefois, vivent donc surtout du
passé. Elles possèdent encore ici des murs cylopéens, là quelque temple païen dont la façade
au moins est admirablement conservée, si l'intérieur en a été transformé en une église vulgaire.
Elles montrent les constructions superposées de
leurs églises conventuelles datant des huitième,
dixième, douzième et seizième siècles, et ces
palais des consuls qui gardent leurs masses féodales, mais dessinées avec un mélange de
majesté et d'élégance, première annonce d'un art
s'entr'ouvrant de lui-même à la Renaissance. Elles
encastrent encore dans leurs murs des pierres
couvertes d'inscriptions datant d'Auguste ou des
temps reculés de la vieille race ombrienne. La
solidité de leur base naturelle ne suffisait sans
doute pas à rassurer les longs espoirs de leurs
constructeurs: car aux édifices religieux et
sociaux de la civilisation nouvelle, il fallait assu-

rer une indestructibilité digne des fameux travaux de la Ville éternelle. Le sommet de la montagne a donc été comme encerclé dans d'immenses arcades qui protègent à la fois son propre sol et le monument qui la couronne et la haute tour qui, aux heures où elle allonge son ombre sur la verdure de la vallée, communique au paysage un mélange captivant de charme et de noblesse. On n'apprend rien à personne en ajoutant que l'intérieur de ces cités offre à chaque pas le spectacle mélancolique de maisons devenues trop grandes, de palais déserts, de rues solitaires et d'églises désaffectées qu'il faut se faire ouvrir pour y étudier en passant, au milieu de débris de toute espèce, quelque fresque endommagée.

Ce qui manque le plus, c'est l'industrie locale de jadis, pour laquelle le temps ne comptait pas, qui, sur place, avec ses procédés à elle, sous sa libre inspiration, mais avec intelligence exercée des convenances de son milieu, travaillait à loisir pour les nobles, pour les bourgeois, pour les églises fréquentées de tout le monde. L'histoire même de saint François d'Assise ne nous dit-elle pas la richesse de son père, le marchand de drap, qui venait échanger ses produits jusque dans les foires de la Champagne? Gubbio ne fut-il pas un centre de fabrication de majoliques et de faïences artistiques?

***

Et maintenant, que conclure? L'Italie nous invitait à voir dans ses provinces centrales un « trait d'union efficace » entre les deux autres parties, si dissemblables, de la monarchie. En réalité, nous y trouvons bien un état statique à peu près également distant des deux extrêmes, quoique plus rapproché de l'état du Midi. Mais le mot d' « efficace » semblait promettre une sorte de dynamisme social travaillant à opérer le rapprochement en acclimatant peu à peu chez soi des institutions et des mœurs destinées à franchir la zone intermédiaire. Or c'est là ce qui est plus difficile à reconnaître. Ni la réforme de l'agriculture, ni la lutte contre l'ignorance, ni la rupture avec l'esprit d'individualisme et de défiance par l'organisation d'une action coopérative digne des leçons de Milan, de Bergame et de Brescia, ni la pratique d'une religion comprise avec plus d'intelligence et de conscience, ne font là de stage particulièrement bienfaisant. Les expressions d'indolence, de routine et d'apathie, que prononcent les juges les plus sévères, peuvent être souvent remplacées par celles de douceur et d'attachement aux traditions. Mais ce n'est point là, encore une fois, un milieu actif et fécond dans lequel l'impulsion souhaitée gagne beaucoup de forces nouvelles.

On peut en dire autant de la Toscane, où une certaine légèreté élégante et sceptique, gardienne intelligente des grandes réputations artistiques de Florence, fait à peu près ce que font en Ombrie l'indifférence et l'apathie. Si elle a connu des troubles, ceux-ci étaient d'une double origine, l'une artificielle et passagère, par suite d'attaques exotiques contre le régime agraire de la province, les autres se confondant dans les régions minières avec les agitations socialistes du reste du royaume.

En est-il autrement dans cette autre partie plus fameuse qui constitue le Latium avec Rome et la campagne romaine? C'est ce que nous nous proposons d'examiner.

CHAPITRE III

Rome capitale et la campagne romaine

Serons-nous plus heureux avec le Latium, autrement dit avec la province de Rome? Y trouverons-nous vraiment cette action moyenne et cependant victorieuse, réussissant à fondre harmonieusement les qualités opposées des différentes parties du royaume, à faire pénétrer dans les plus retardataires les perfectionnements éprouvés chez les plus avancées? Il y aurait bien des motifs de l'espérer : la situation du Latium au centre géographique du pays, là où jadis s'était élaborée, pour se répandre dans le monde, cette énergie si fameuse des grands fondateurs, l'action croissante de la Ville éternelle, capitale de la province et capitale du royaume, les grandes espérances fondées sur ce que l'Italie tout entière appelle sa résurrection...

Mais, avant tout, essayons de nous former de la province une idée d'ensemble. C'est une tâche difficile quand il s'agit d'un centre composé d'é-

léments hétérogènes souvent renouvelés et où se
mêle incessamment ce qu'il y a de pire comme
ce qu'il y a de meilleur : car c'est bien là la destinée de toute grande cité, à plus forte raison de
toute capitale.

Nous venons de parler de renouvellement ; il
y en a un, en effet, qui est réel ; mais il se perd
surtout dans un afflux de population dont les
éléments se ressemblent beaucoup et où ne se
découvre guère d'esprit d'initiative et de progrès :
car ces populations-là sont plus passives et plus
routinières que les autres, malgré leurs agitations
périodiques. Ce qui a le moins changé, c'est un
enchevêtrement de législation, où l'antiquité, le
moyen-âge, le pouvoir pontifical, et d'autres
encore ont accumulé toutes sortes de prétextes
à des revendications, à des procès, à des rancunes
dont beaucoup sont au fond sans raison d'être ;
ce sont des monuments d'un passé qui n'avait
pas, comme d'autres genres de monuments, l'excuse de leur beauté. Nous devrons trouver là l'explication ou l'excuse des désordres et des crises
qui ont bien des fois étonné le public.

Il y a ici d'ailleurs entre la France et l'Italie
un contraste qui peut frapper tous les yeux. En
France, c'est de la capitale parisienne que part
tout mouvement politique. Jusqu'ici les provinces ont toujours accepté les révolutions que leur
imposait Paris. En Italie, on pourrait presque
dire : bien loin que tout parte de Rome, c'est à

Rome que tout aboutit. Contentons-nous de rappeler ici deux grands faits. C'est hors de Rome que se sont recrutées et formées les troupes garibaldiennes, les « Mille » de la Sicile, etc... C'est de l'ensemble de la province que sont partis les contingents destinés à ouvrir la brèche de la Porta Pia. Quant à la dernière révolution des fascistes, par qui et comment s'est-elle faite? Le président, pour ne pas dire le dictateur d'aujourd'hui, ne perd pas une occasion de rappeler l'événement qu'il tient à voir le plus célébré : « *La marche sur Rome.* »

N'exagérons rien cependant. Rome ne pouvait pas ne pas devenir le chef-lieu des plus grandes administrations : ces administrations sont peuplées d'hommes extrêmement bien renseignés, renseignant admirablement les autres. Ne seraient-ils pas plus à même de bien voir les faits, de les bien calculer, de les bien enregistrer, que de les modifier? C'est ce que l'on est porté à croire. On ne peut nier en tout cas que ni la vie industrielle, ni la vie commerciale, ni même la vie scientifique et la vie littéraire de l'Italie ne reçoivent de Rome des impulsions fortes et décisives. Rome capitale demeure un drapeau, toujours acclamé comme le signe du ralliement national; c'est encore là son caractère prédominant, de beaucoup, au moment présent.

Il faudrait être bien timoré pour ne point oser parler de ce qu'il en part d'action religieuse pour pénétrer avec une heureuse influence dans les différentes fonctions de l'organisme social. L'influence religieuse peut être facilitée dans son action par deux espèces de conditions très différentes : ou une alliance étroite avec l'action politique du gouvernement civil, ou l'exercice très viril et respecté de la liberté. En s'éloignant comme elle l'a fait du premier des deux systèmes, l'Italie s'est-elle bien rapprochée du second? Les optimistes disent : oui, à coup sûr, autant qu'elle l'a pu. N'y contredisons pas trop, mais croyons qu'elle eût pu le faire davantage et s'en bien trouver. On ne peut ignorer les rapports de la vie religieuse avec la vie intellectuelle et avec la vie sociale d'une nation. Or il est notoire, et je me permets de rappeler l'attention sur ce fait, que cette capitale catholique qu'est le Vatican fait en ce moment de grands efforts : 1° pour assurer à la forma'ion du jeune clergé des établissements d'une vie moins morcelée, par conséquent moins rapetissée: 2° pour donner aux maisons nouvelles une direction plus intellectuelle et, à tout point de vue, plus relevée, en confiant cette direction à des maîtres venus des provinces du Nord ou venus de France. A cette entreprise ne se prête pas beaucoup le pouvoir civil : il ne veut rien faire pour diminuer le nombre excessif des évêchés. Des deux autorités qui vivent côte à côte, c'est sans contredit l'autorité religieuse qui réagit le plus contre la prédominance méridionale : à celle-ci, le pouvoir politique cède beaucoup trop, et ce n'est pas le meilleur moyen d'en servir les plus pressants intérêts.

Revenons, en effet, à l'accroissement de la population dans la capitale. Il est curieux de voir quelles sont les parties du royaume qui y concourent à des degrés divers et qui y concourent, soit de plus en plus, soit de moins en moins. Ce qui se dégage tout de suite des comparaisons, c'est que le contingent des provinces du Nord est de plus en plus faible, et celui des provinces du Midi de plus en plus important. Sur 100.000 habitants présents, le recensement de 1911 enregistrait, par rapport au recensement de 1901, une diminution générale des apports septentrionaux : 1,7 pour la Ligurie, — 2,6 pour la Romagne, — 4 pour les Marches, — 4,8 pour la Lombardie, — 6,9 pour la Toscane, — 10,9 pour le Piémont (seuls les originaires de la Vénétie, si prolifique et qui émigre partout, ont augmenté de 1,2. Enfin, la ville a vu l'apport des habitants de sa propre province, de celle dont elle est le chef-lieu, baisser lui-même de 6,8.

D'où vient donc l'accroissement final? Quelque peu de la Sardaigne, de la Basilicate et de la Calabre, un peu plus des Pouilles et de la Campanie, plus encore de la Sicile et de l'étranger. Le reste est fourni par les originaires de l'Ombrie, qui ont augmenté de 11,1 pour 100, et par ceux

de la ville même de Rome, qui se sont accrus
de 14,1. En somme, ce qui se maintient et s'accentue dans la capitale, c'est incontestablement
l'élément méridional, à peine mitigé par l'élément ombrien (encore avons-nous vu que les
économistes italiens comptent l'Ombrie dans le
Midi, à plus forte raison donc, le Latium).

Il semblerait que, par tout ce qu'elle offre de
sujets d'admiration aux artistes, de sujets d'étude
aux érudits, Rome dût attirer un nombre d'étrangers toujours grandissant, et grandissant dans
des proportions de plus en plus considérables.
Il faut bien constater que, si cet accroissement-là
existe, il est relativement faible. Au dernier
recensement, on comptait, dans la province de
Rome, 9865 étrangers contre 12.000 en Lombardie et 12.500 en Ligurie. L'industrie de la grande
cité lombarde et le beau ciel de la Côte d'Azur
italienne exercent encore plus d'attraction sur les
masses cosmopolites que les chefs-d'œuvre de la
Renaissance et que les monuments de l'antiquité.

Si cette population est assez mouvante, elle a
donc néanmoins des éléments de fixité qui ne
risquent pas trop de voir l'originalité de l'ensemble s'évanouir. Déjà nous pouvons présumer
qu'il doit en être de la vie de la province, en
général, comme de l'aspect de la Ville Éternelle.
Cet aspect, on le sait, change lentement, partie
en bien, partie en mal. Les améliorations de la

voirie et des moyens de communication dans Rome ne sont pas à dédaigner, assurément. On y eût voulu un peu plus de discrétion et surtout de respect. S'il était impossible que le nouveau régime ne voulût pas marquer sa capitale de son empreinte à sa convenance et à son gré, il pouvait bâtir, à côté de la vieille ville, une ville nouvelle : les espaces ne lui manquaient pas. Il pouvait encore, dans la première, réduire modérément ce qui était devenu plus gênant que vénérable et que pittoresque. Le mal est qu'en plus d'un endroit, on a gravement altéré l'harmonie en faisant éclater les proportions, en rapprochant trop brutalement l'ancien du nouveau, et souvent de quel nouveau! Il n'est plus permis de vivre, comme autrefois, de la vie antique en s'y sentant enveloppé de ses seuls souvenirs et préservé des contrastes par trop discordants. Les pastiches des monuments vraiment anciens font presque douter de l'authenticité de ces derniers, dont ils sont devenus les voisins compromettants. Les places, élargies et modernisées, font paraître plus étroites ces rues dont se contentait, dont jouissait, pour s'y retrouver et s'y reconnaître plus aisément, l'élite de la population d'autrefois.

Somme toute, cependant, et grâce à des découvertes qui ont apporté quelques compensations, le changement n'est pas aussi profond qu'il eût pu l'être. En tout ordre de faits et d'idées, le gouvernement s'est efforcé de ménager les transitions. Pour le peuple, si attaché aux traditions du culte extérieur et à une foule d'institutions qu'il entend à sa manière, il a eu soin, quelques exceptions mises à part, de ne rien détruire. Il a diminué à son profit les ressources des fondadations, il ne les a pas toutes confisquées. Là où un monastère, un sanctuaire, une œuvre avait 100.000 francs de revenus, il en a pris pour lui la moitié ou les trois quarts ; là où vivaient cinquante moines, il en a laissé huit ou dix. Pour le public, quelque dommage qu'ait reçu l'intérieur, la façade est demeurée à peu près la même. Quant aux institutions et aux mœurs sociales, nous verrons bientôt que, dans une partie considérable de la province, elles sont restées déplorablement identiques. Bref, avec des précautions et des réserves, nous pouvons tenter de dégager la physionomie d'ensemble de cette partie centrale de l'Italie, telle que, d'abord, la démographie nous la donne.

*
* *

En égard au mode exceptionnel de peuplement de la capitale, — qui vient inévitablement fausser les proportions, — la densité de la population dans la province est faible. Il est évident que la part des propriétés bâties ne peut être là que considérable et que le nombre des propriétaires de terrains (qui fait bloc avec les autres) en diminue d'autant. Ceci nous permet déjà d'apercevoir le caractère le plus saillant de l'agriculture de la région, vouée à la grande et même à la très grande propriété.

Dans les villes importantes, et surtout dans les capitales, les mariages sont plus faciles, donc plus nombreux. Par contre, les naissances y sont plus rares: pour bien des raisons, on s'y marie moins jeune, les conditions d'habitation et de séjour se prêtent moins aux nécessités d'une famille nombreuse; on y cède plus aisément à l'amour égoïste des jouissances extérieures. Tout cela s'observe à Paris. On l'observe également à Rome et, par conséquent, dans la province dont la capitale élève ou abaisse, selon les cas, les chiffres généraux.

En tout cela, le centre de l'Italie se ressent nettement de la prédominance de l'élément méridional; car n'avons-nous pas constaté qu'en somme, la population méridionale du royaume fournit une race résistante et dont il est fâcheux que l'État n'ait pas su tirer meilleur parti! Quand nous arrivons aux effets visibles de ce qu'on appelle la civilisation contemporaine et le progrès social, nous ne pouvons, naturellement, que voir les ressources concentrées dans la cité maîtresse produire ostensiblement leurs conquêtes.

Sur les tableaux de la criminalité, le Latium

est en tête à peu près partout, comme l'y est généralement chez nous le département de la Seine. L'annuaire statistique nous permet, d'autre part, de calculer les divers degrés de la criminalité spéciale dans la province de Rome et dans les autres. La province de Rome n'est au-dessous de la moyenne que pour les rapines, extorsions et rançonnements. Ceci n'a rien de surprenant, et toutefois, il y a là un contraste qui étonne. Aux portes même de la capitale, le nombre des crimes de ce genre atteint encore un chiffre double de celui où ils arrivent dans la province classique des brigands, en Calabre et dans sa voisine, non moins propice aux coups de force, la Basilicate. Comme on pouvait s'y attendre, les violences, outrages et résistances à l'autorité, les délits de faux et de fausse monnaies les escroqueries et les vols montent à des taux sensiblement plus élevés que partout ailleurs. En matière d'homicides, de lésions personnelles et volontaires, de diffamations et d'injures, d'attentats aux mœurs, le Latium dépasse encore la moyenne, mais d'un peu moins haut. En résumé, notre première observation subsiste : le Latium est bien la province dont la criminalité dépasse le plus notablement celle de presque toutes les autres.

Serait-ce le résultat d'une fatalité frappant inéluctablement les capitales? L'exemple de la ville de Londres est là pour démontrer le contraire, puisqu'on a pu relever de longues périodes où la criminalité britannique diminuait surtout dans l'immense métropole. C'est affaire de vigilance et de fermeté dans l'exécution des lois. L'unité de vues et la suite dans les efforts de la police viennent à bout, quand on le veut, de la préten- due fatalité.

Maintenant, les documents statistiques tels qu'ils nous sont fournis, ne nous permettent pas, il est vrai, de faire le départ exact des crimes et délits de la ville de Rome et de ceux qui sont à la charge de sa campagne. Cependant, la décom- position qui nous est donnée de la criminalité professionnelle nous apporte, à ce sujet, des indi- cations qui ne sont pas sans valeur. Les agricul- teurs travaillant chez eux, les propriétaires, fermiers, métayers, chefs de travail, en un mot, les ruraux placés dans des conditions plus séden- taires et plus stables, ont une criminalité très inférieure à celle de la même catégorie de profes- sions dans les huit autres provinces du Nord. Est-ce dû à ce fait que, ces situations étant plus difficiles à conquérir dans le Latium, ceux qui les occupent ont déjà fait par là même leurs preuves de courage, de persévérance et de bonne tenue ? C'est on ne peut plus vraisemblable. Chez les ouvriers des champs à travail fixe et chez les journaliers, cette supériorité ne se maintient pas, mais ne fait point place à une infériorité trop marquée ; car, plus mauvaise que celle de quatre provinces, elle est meilleure que celle de quatre autres. Chez les braccianti du Latium, par exemple, la criminalité générale est supérieure à celle de trois provinces septentrionales, mais inférieure à celle de cinq. Si on considère que les délits de pâturage illicite et les dommages causés à la propriété donnent un contingent considérable, on présumera volontiers que la criminalité de cette population pourrait bien tenir aux inexactitudes séculaires d'une législation flottante, à des conditions trop peu définies et trop peu sûres dans l'ensemble des rapports sociaux, plus qu'à une perversité essentielle des habitants de la province. On se dira aussi que cette perversité doit être plutôt concentrée dans la capitale, puisque, d'après ces mêmes documents, les vols, les escroqueries et les recels et surtout les vols avec circonstances aggravantes sont plus fréquents dans les occupations urbaines que dans les rurales, puisqu'aussi les attentats aux mœurs et surtout ceux qui sont reprochés aux femmes sont plus nombreux parmi celles qui exercent des professions industrielles ou n'ont pas de profession du tout : or ce sont là deux catégories qu'on ne rencontre que dans les gros centres.

Tel est l'aspect général sous lequel nous apercevons le Latium. Si l'on veut voir plus de points lumineux, éclairer mieux l'ensemble et opérer les retouches dont tout tableau de statistique officielle a besoin, on doit descendre dans la vie même des différentes régions de la province et les observer d'aussi près que possible.

∴

Cette étude a besoin d'être subdivisée. Il importe de considérer séparément : 1° La nature des lieux et ce qui est fait pour l'améliorer : 2° les régimes auxquels furent soumis et restent encore soumis les hommes qui les habitent: 3ᵉ l'état actuel de ces populations, les aides qu'elles reçoivent ou non en vue d'un meilleur avenir.

Ce à quoi on pense tout de suite quand il est question des environs de Rome, c'est sans doute, si on est littérateur ou simplement épris de tout genre de beauté, aux horizons de cette campagne si admirablement dépeinte par Chateaubriand. Mais si l'on est préoccupé de questions sociales, c'est bien à la désolation des plaines ravagées par la malaria. Repeupler ces antiques séjours des premiers représentants de la grandeur romaine, y reconstituer une race nouvelle avec toutes les qualités physiques et morales qui ont valu à celle d'autrefois la conquête du monde, encadrer la capitale reconquise dans un milieu prospère et salubre qui lui donnera de lui-même un surcroît de richesse et d'influence, c'est là le rêve de tous les Italiens, et ils le parent d'un luxe de métaphores avec lequel il est tout à fait superflu d'essayer de rivaliser.

Le domaine de la fièvre, sans doute, ne s'étend pas sur le Latium tout entier. Les montagnes de la Sabine en sont naturellement indemnes. Sur la ligne de Rome à Naples, à quelque distance de la capitale, on voit des coteaux où les vignes plantées à la française attestent l'amendement du sol. Le Viterbois n'est présentement guère plus éprouvé, quoique la race s'y ressente encore du tribut que lui a fait payer le proche voisinage des maremmes. Il n'est pas rare de voir de Rome à Viterbe des physionomies qui en portent les traces bien visibles. C'est le centre de la province et c'est surtout l'ensemble des approches de Rome qui sont incontestablement les parties les plus éprouvées.

Si l'on s'en tenait aux chiffres bruts de la statistique imprimée, il semblerait que la salubrité de la province tout entière fût sensiblement améliorée ; car dans la colonne des morts par fièvre palustre ou malaria, sa moyenne est exactement celle du royaume : 10,3 pour 100.000 habitants, alors que dans les provinces du Sud et dans les îles, la proportion oscille entre 71 et 159. Mais il faut faire attention que la province comprend la ville de Rome avec sa population croissante et où il évident que les marais sont desséchés. Si l'on pouvait isoler les chiffres particuliers des parties urbaines et des parties rurales, on aurait certainement pour ces dernières un tout autre pourcentage.

Pour être aussi exact que possible, il faut, il est vrai, distinguer entre les époques, même relativement récentes. On nous dit que dans la campagne romaine proprement dite, le nombre des propriétaires avait, au cours du siècle dernier, diminué de 443 à 204 et que le nombre des fermes, qui au commencement du siècle précédent était de 137, n'était plus que de 70 au moment de la prise de Rome par le royaume d'Italie. Il semble bien qu'alors le mouvement régressif ne se soit pas arrêté. En 1871, on voyait 64 hameaux ou villages abandonnés ; en 1881, le nombre en était de 281 (1).

Où est la cause essentielle de ce fléau ? Est-ce la désertion de la campagne qui, laissant dépérir les effets de la culture primitive, a compromis, puis arrêté l'écoulement régulier des eaux et ramené ainsi la contrée à un état marécageux ? Est-ce, au contraire, cet état, trop difficile à conjurer et sa conséquence inévitable, la fièvre, qui ont peu à peu éloigné les populations découragées ? Certains publicistes et particulièrement l'auteur d'un énorme volume publié par les soins du ministère de l'agriculture, de l'industrie et du commerce tiennent pour la première hypothèse. D'autres, s'inspirant plutôt d'études médicales, tiennent pour la seconde. Il ne faut pas

(1) Voir la *Nuova antologia*, du 16 août 1911, article du docteur Celli, député.

un grand effort d'esprit conciliateur pour conclure que les deux explications ont chacune leur part de vérité. Il est probable que c'est la première des deux causes qui a tout d'abord agi. Les querelles agraires de la république romaine signalaient déjà, sous l'influence des causes politiques, l'extension des latifundia. Les invasions des barbares firent périodiquement des vides désastreux. Les grands propriétaires virent des avantages de plus d'une sorte à garder la culture extensive des pâturages qui entraînait pour eux si peu de frais et si peu de risques. La coutume s'en est perpétuée jusqu'à nous.

Voilà un premier fait incontesté. Une autre vérité non moins sûre est que la malaria, d'abord effet de la dépopulation, est devenue cause à son tour. Ou elle empêche la population de venir, ou elle la décime une fois venue. Quelle que soit l'évidence de cette double action, les hommes à système s'en tiennent toujours, avec une certaine étroitesse d'esprit, soit à l'une, soit à l'autre des deux explications. Les excuserons-nous en reconnaissant qu'il y a un grand intérêt à décider quel est présentement l'obstacle principal à la transformation de l'Agro romano? Rappelons-le en passant : ce dernier mot a servi comme de signe de ralliement à toute une série de plaintes et d'objurgations, de crises et de révoltes, car la célébrité même de ces espaces tant de fois décrits a toujours ravivé les passions du public au sujet des grandes propriétés, de l'insuffisance de leur hygiène et de l'obscurité persistante de leur législation. Bornons-nous un instant à la question de l'hygiène. Pour les partisans du premier système, il faut à tout prix trouver des hommes et des travailleurs : une première génération pâtira, elle succombera même, mais une seconde bénéficiera de ce sacrifice. A la guerre comme à la guerre ! Pour les défenseurs du deuxième système, le moyen de sortir de cette barbarie s'attaquant en vain à une autre barbarie, la thérapeutique contemporaine, seule, est en mesure de l'assurer.

A ceux qui réclament avant tout, et même prématurément, du travail mettant la terre en valeur et l'assainissant par des cultures intensives, est venue en aide, il y a peu d'années encore, la théorie du défrichement par la main-d'œuvre pénale. En 1880, un congrès international d'hygiène, tenu à Lyon, votait, à l'unanimité, la résolution suivante :

« Le Congrès ne saurait trop louer et encourager le gouvernement italien dans l'œuvre d'assainissement déjà commencée dans la campagne romaine par l'établissement de colonies pénitentiaires : il pense que la moralité qui en résulte ne saurait être comparée aux immenses avantages que l'on peut en retirer, au point de vue de l'hygiène générale et de la civilisation. »

Le gouvernement italien fit donc construire,

en un lieu réputé suffisamment malsain, mais sans excès, un vaste établissement réservé à quatre-vingt-dix condamnés. Il inventa d'ailleurs des logements mobiles et démontables. Le tout fut inauguré en 1882, et le Parlement invitait le pouvoir exécutif à développer largement le premier essai. Mais la malaria fut la plus forte. La colonie pénale de Ponte-Buttero était promptement détruite, et les locaux complètement abandonnés en 1885.

Une variante de cette théorie fut que, pour vaincre la fièvre tout en travaillant, il suffisait d'être bien nourri : la malignité du fléau tenait sans doute, se disait-on, aux déplorables conditions de la vie de la plupart des travailleurs italiens, et l'on citait le proverbe toscan que « la malaria gît dans la marmite ». On doit avouer que l'illusion était bien permise, si l'on se reporte aux accusations portées par un évêque du Nord, Mgr Bonomelli (sous la forme d'une lettre reçue par lui, disait-il, d'un observateur digne de foi), contre les employeurs de main-d'œuvre paysanne en campagne romaine. A différentes époques de l'année, écrivait-il, il vient dans l'Agro romano des travailleurs descendus des montagnes environnantes. Ils s'arrêtent huit ou dix jours sur un espace déterminé, et vont ensuite sur un autre. Ce sont, en général, des jeunes gens et des jeunes femmes de dix-neuf à vingt-cinq ans. Réunis par groupes allant de quelques dizaines à plus d'une centaine, ils sont employés au travail de la terre. Ils campent au grand air, sous des refuges formés de quelques tiges de maïs. Hommes et femmes vivent là côte à côte, dans une licence absolue. Ceux qui les conduisent n'ont pas le moindre souci de leur donner les habitudes d'hygiène les plus élémentaires. Quand ils décampent pour aller un peu plus loin, ils laissent là sur le sol toutes les traces d'un bétail humain. D'autres fois on les loge dans d'anciennes étables à porcs, où l'on a vu jusqu'à deux cents individus, la plupart jeunes, couchés sur la paille sans aucune séparation des sexes. On en a vu qui, durant six mois, habitaient ces taudis sans fenêtres et sans lumière, sans autre issue, pour la fumée d'une cuisine établie sur deux pierres, que les deux portes placées loin l'une de l'autre, aux deux extrémités du quadrilatère. Bref, ajoutait la brochure, tout est pire que dans les plus misérables villages de l'Abyssinie. Pas d'eau potable. « J'ai vu, écrivait le témoin, les gens écarter de la main des bêtes mortes pour puiser l'eau qui croupissait tout à côté dans le fossé, ou dans le canal. » Cette sinistre peinture pourrait, paraît-il, s'appliquer strictement à environ 5000 travailleurs. Les gens qui les ont recrutés et leur servent de contremaitres, que l'on appelle les caporaux, tiennent le milieu entre l'usurier et le négrier. Encore, à ce troupeau le plus sacrifié, faut-il adjoindre plus de 10.000 personnes peinant loin de tout centre habité, sans chemins frayés, sans service sanitaire, et finalement d'autres groupes qui, sans être aussi mal traités, vivent et meurent sans secours ni matériels ni spirituels, sans autre ressource que l'émigration, s'ils s'y décident à temps. Le tout forme un ensemble d'à peu près 20.000 paysans, à quelques kilomètres de Rome. Telles sont les plaintes dont prenait la responsabilité l'évêque de Crémone, prélat ami de la couronne, et qui, le premier, donna aux catholiques italiens le signal de l'enthousiasme à l'endroit de l'expédition tripolitaine.

A de pareils reproches pouvait du moins échapper un entrepreneur plus philanthrope ou plus avisé qui s'était établi à Monte Circeo : c'était, nous disent ses compatriotes, un homme à la volonté de fer. Il s'était fait donner à emphytéose, dans les marais pontins, une région de 5000 hectares. Dès l'automne de 1897, il y avait établi soixante-cinq paysans de la Vénétie, qu'il bourra de viande, de vin, de bière et de café. Puis, avec leur main-d'œuvre, il fit exécuter des travaux hydrauliques pour l'écoulement des eaux marécageuses et pour la substitution d'une culture intensive à la seule exploitation des herbages. Les espérances grandissaient et ne semblaient plus connaître de limites, lorsque survint, dans l'année même 1897, un été désastreux qui les anéantit d'un seul coup. L'entrepreneur dut

abandonner la partie après y avoir dépensé tout
son avoir. Une nouvelle société, cependant, au
capital de 3oo.ooo lires, porté rapidement à
6oo.ooo, voulut reprendre la tentative. On pré-
tendit bientôt qu'elle allait valoir plus de 1 million. Or, en 19o8, tout était perdu ou à peu près.
Le domaine était cédé à emphytéose pour une
somme de 2o.ooo lires, et l'acquéreur remettait
tout en pâturage pour brebis : toutes les plantations de vignes étaient sacrifiées, et le narrateur
de 1911 pouvait conclure : « Les chouettes et les
chauves-souris habitent les maisons des paysans ;
la colonie Elena a vécu. » D'une manière générale, c'est de 1894 à 19oo que s'est déroulée la
plus dure série des désastres dans les grandes
entreprises de colonisation.

Est-ce donc qu'il n'avait été rien tenté, sinon
de faire travailler les hommes en les nourrissant
mieux ? On avait essayé quelque chose de plus.
Ne parlons pas des travaux hydrauliques et du
machinisme destiné à en assurer une plus
prompte exécution. Il fallait, en tout cas, parer
au présent en empêchant ces travaux mêmes, si
perfectionnés qu'ils fussent, de tuer les hommes
chargés de les mener à bien. On sait trop que
toute opération remuant fortement les terres
dangereuses commence invariablement par
exaspérer le mal. On planta des eucalyptus : la
mode en fut passagère. On fit ensuite quelque
chose de plus sérieux avec l'invention des mous-

tiquaires de métal, empêchant l'insecte homi-
cide de pénétrer dans les dortoirs et dans les
chambres ; mais on s'aperçut, et on s'aperçoit
encore aujourd'hui, que ce moyen, assez efficace
pour le logis central réservé aux directeurs,
employés, surveillants, l'est beaucoup moins là
où couchent les travailleurs : l'incurie ou la
maladresse de ces derniers les empêchent d'en
profiter. C'est alors que la médecine fit entendre
son oracle : ce qu'il fallait, c'était l'emploi prolongé du sulfate de quinine, non pas comme
remède curatif, une fois le mal déclaré, mais
comme remède préventif. On prépara des pastilles de sucre et de chocolat, enveloppant les doses
voulues de quinine, et on eut soin de les faire
entrer d'office dans la bouche de chaque ouvrier,
chaque matin. Persévéramment répétée, cette
action a paru enfin donner d'heureux résultats.
Après les échecs encore si récents de l'ancienne
méthode, les médecins et les hommes politiques
se croient en mesure d'annoncer des succès réels
et destinés à se renouveler

Parmi ces succès au moins relatifs, est celui
qu'aux portes mêmes de la capitale ont obtenu
les Trappistes français de Saint-Paul aux Trois-
Fontaines. En 1885, ils avaient acquis du gouvernement la colonie pénitentiaire abandonnée.
Pour y amortir quelque peu l'action du mal et
se mettre à même de commencer la « bonification » des terres, ils venaient, dans les débuts,

et pendant les mois les plus dangereux, coucher tous les soirs à Rome. Ils allaient aussi se réfugier de temps à autre dans des villages moins menacés ou dans une villa qu'ils avaient achetée et qu'ils ont ensuite revendue près de Frascati. En 1904, ils s'étaient munis d'appareils protecteurs ; ils cessèrent alors de venir coucher à Rome. Ce couvent des Trois-Fontaines, placé à peu près à égale distance de Saint-Paul-hors-les-Murs et des catacombes de Saint-Calixte, est assez souvent visité par des étrangers : on ne peut qu'en admirer les cultures, sans compter le beau bois d'eucalyptus qui reste au moins à titre d'ornement. J'y ai vu achever les vendanges, et j'ai laissé au prieur un questionnaire auquel il m'a fait des réponses très intéressantes, à commencer par la suivante : « Nous avons sacrifié à la fièvre trente-neuf de nos existences. Aujourd'hui, grâce aux toiles métalliques des portes et fenêtres et un peu aussi à la cure préventive, obligatoire, de la quinine quotidienne, il n'y a presque plus de fièvre. Depuis trois ans, le gouvernement donne et fait distribuer des doses de quinine par le médecin local qui, à son tour, se sert du ministère des « caporaux ». Chaque matin, le caporal fait ranger les hommes, leur met lui-même dans la bouche deux pastilles sucrées. Aux ouvriers, les pastilles sont données gratuitement ; mais les patrons les paient. La dépense en est répartie sur l'étendue de la propriété, et, chaque année, le propriétaire paie au receveur la dépense de l'année précédente, comme il paie les contributions. La taxe est à peu près de o fr. 90 par hectare. »

Bref, la fondation des Trappistes a été plus heureuse que la colonie pénitentiaire à laquelle elle a succédé. La façon dont elle loge ses ouvriers, presque tous à demeure fixe, dans ses propres bâtiments, n'a certainement pas nui à ce succès.

Les voisins ont-ils rivalisé d'efforts, et leurs efforts ont-ils été aussi heureux? Les religieux m'en signalent deux ou trois. « Le grand domaine de Grotta perfetta et celui de Ceribelli, près de la porte de Saint-Paul, ont fait un peu comme nous, écrivent-ils. Il y a aussi la grande propriété Cerveletta, bonifiée par les Lombards. Ces derniers ont réussi là mieux qu'ils ne l'ont fait ailleurs, où ils avaient à peu près échoué », et où cependant ils tiennent bon, mais plutôt, si j'ai bien compris, par spéculation, achetant des terres à vil prix pour les améliorer un peu et les revendre.

La propriété de Cerveletta, de 264 hectares, à huit kilomètres de Rome, a son histoire. Au dix-septième siècle, le cardinal Scipion Borghèse, neveu de Paul V, y avait créé une vaste exploitation agricole où il avait transformé en écuries de vieilles constructions féodales. Sous l'action des transformations opérées, la malaria avait disparu. En 1895, c'était un très beau et très salubre domaine, quoiqu'il parût prudent, en raison d'un imparfait écoulement des eaux, d'en faire émiger, dans les mois d'été, la plus grande partie de la population ou humaine ou animale. En cette année 1895, des ingénieurs et travailleurs lombards s'en emparèrent, et tout prospérait à souhait, lorsqu'en 1896 commença la série des désastres. Sur 110 personnes, on constata successivement, par récidives plus ou moins graves, 309 cas de malaria. On employait cependant le sulfate de quinine, mais simplement comme curatif, une fois le mal déclaré. C'est dire que la médecine nouvelle eut à s'enorgueillir de ses méthodes. Elle put démontrer l'impuissance des moyens curatifs et aussi la difficulté de faire pratiquer par les paysans la prophylaxie dite mécanique, et elle y substitua la méthode dont elle est fière. « Depuis lors, dit le docteur Angelo Celli, député, tout va bien. » Du moins peut-il établir ainsi l'heureuse régression du fléau. En 1885, les fiévreux soignés dans les hôpitaux civils étaient au nombre de 3400. En 1900, on en comptait 6000 ; puis commença l'amélioration : le chiffre tombait à 4000 en 1905 et à 1700 en 1910.

Ce triomphe en assure-t-il d'autres (1) ? Il faut

(1) On pourrait se demander si le triomphe de la quinine

bien l'espérer ; car enfin, s'il est extrêmement heureux d'avoir ainsi conservé des vies humaines, il faut toujours prévoir les retours dits imprévus du mal, comme il s'en est produit tant de fois : puis il faut faire de ces hommes des travailleurs à la fois moralisés et utilisés, assurant sur un territoire transformé des générations de vaillants citoyens.

Au moment tout à fait actuel, la campagne romaine ne connaît point d'ouvriers stables et de familles sédentaires (1). Les travailleurs qu'elle occupe viennent en partie de la Vénétie, de la Romagne, des Abbruzzes, en partie des montagnes du Latium. Généralement, ils arrivent en automne, au mois de novembre, et s'en vont

---

est définitif. Un médecin des hôpitaux de Paris me dit que cet emploi est sans danger. Mais M. Armand Gautier, de l'Académie des sciences, m'affirme que s'il y a des immunités individuelles, l'emploi *prolongé* de la substance est, pour la majorité, très dangereux. Il donne des otites ou une grave altération du sang (la méthématoglobulie). M. Gautier en a vu de nombreux exemples, étant originaire du département de l'Aude et ayant eu occasion d'observer beaucoup de ces cas de malaria dans les « étangs » du littoral français comme ceux de la Camargue. Aussi est-il extrêmement affirmatif. D'ailleurs l'éminent chimiste (dont l'opinion est partagée par des professeurs du Val-de-Grâce) croit que la substitution à la quinine de certains autres médicaments comme l'arsenic produirait d'heureux effets sans avoir les mêmes inconvénients. Il croit donc à la victoire finale de la médecine.

(1) A l'exception des familles employées par les Trappistes dont il a été parlé plus haut.

après la moisson. Chaque dimanche, ils se louent pour la semaine sur les marchés de Rome, où beaucoup d'ailleurs viennent coucher tous les soirs, et coucher où ? On me dit : dans les locandas à deux sous, quand ce n'est pas sous les parvis et sur les marches des églises. Qui les engage ainsi chaque dimanche? L'homme qu'on appelle le caporal, le recruteur qui, seul, entre en affaires avec le propriétaire et prend à forfait tout le travail à exécuter. Il est donc à son tour seul connu des ouvriers qui acceptent ses conditions, conditions de salaire, conditions de vie, conditions de prêts à grosse usure, et qui, dans l'hypothèse — parfois réalisée — où il disparaîtrait sans les avoir payés, n'auraient de recours utile contre personne. C'est ici l'un des types les plus déplorables de cette légion d'intermédiaires si détestés en Italie. L'initiative personnelle y est rare. L'argent ne l'est pas moins; le manque d'une instruction pratique un peu élevée s'ajoute à ces causes qui font que tant de familles sont incapables de traiter par elles-mêmes. Elles acceptent donc les conditions qu'on leur impose, puis s'indignent de ce qu'elles ont d'injuste et de dur, enfin elles se révoltent, la plupart du temps sans profit.

On ne saurait parler ici de contrat de travail. Le salaire hebdomadaire se discute entre le caporal et l'ouvrier. Quand il s'agit de grands travaux à exécuter, les travailleurs, étant nombreux, deviennent plus exigeants et réussissent à faire hausser leurs prix. Autrement, ils sont à la merci des circonstances. Une fois sur le lieu de leur travail, l'espèce humaine leur réserve un second parasite, c'est le *dispensiere*, plus exactement ici le cabaretier, qui les exploite. De toutes ces misères économiques sort un état de moralité très douteux. Les gens sont fort avides d'argent et ils ne savent pas trouver les moyens honnêtes et réguliers d'en gagner. « On vole beaucoup », me dit laconiquement la note des Trois-Fontaines.

Pour civiliser — ce n'est pas trop dire — ces instables groupements, il faudrait un autre régime de culture et un autre régime de propriété. La petite propriété est à peu près inconnue ; la moyenne est rare : le métayage ne se voit qu'aux extrémités, dans des rayons qui, tout en faisant partie administrativement du Latium, ne sont plus considérées comme étant de la campagne romaine. Dans les deux extrémités enfin, le métayage diffère beaucoup. Un des promoteurs les plus considérables des œuvres sociales de l'Italie, M. le commandeur Pio Folchi, me signale ce très gros écart : dans la partie nord de la province, c'est le système toscan qui domine, avec ce qu'il a de paisible et de conservateur ; dans la partie sud, le propriétaire impose des contrats vraiment léonins, il met à la charge du métayer toutes sortes de dépenses d'entretien, d'améliorations, de constructions même, et il se réserve le droit d'expulser son homme à son gré, sans indemnité, quand il le veut. Du côté de Velletri et de Frosinone, pays vignobles, les conditions du partage semblent du moins très avantageuses pour le métayer : il garde pour lui les deux tiers du vin. Il est vrai qu'il prend à sa charge toutes les dépenses, non seulement de la culture de la vigne, mais de la récolte et de la fabrication du vin.

Le gouvernement voudrait cependant bien introduire en ces régions la moyenne propriété, la culture intensive et le métayage, toutes choses qui lui paraissent, non sans motifs, aller ensemble et même s'appeler mutuellement. Pour y réussir, une loi récente lui permet de consentir des prêts de faveur à 2,85 pour 100, pour les travaux d'amélioration hydraulique et de construction. Peut-être cette loi — comme beaucoup d'autres — rend-elle surtout des services à ceux qui pourraient, à la rigueur, se passer d'elle et trouveraient dans leurs propres ressources de quoi mener à bien les tâches désirables. Cependant, si elle pousse les plus économes et les plus prévoyants à bien user des faveurs qu'elle offre, il en résultera peu à peu un accroissement du bien-être général. « Peu à peu » c'est une expression que me souligne avec soin la note des Trappistes ; car ceux-ci voient la bonification opérée par cultures intensives marcher très lentement. Lorsque le gouvernement fait des prêts et octroie par surcroît une fraction de terre, il pose ses conditions. Il exige un régime autre que celui du pâturage, c'est-à-dire la culture proprement dite. Si les conditions ne sont pas remplies, il exproprie l'occupant et vend sa terre au plus offrant, en laissant au nouvel acquéreur cinq ans au plus pour exécuter les travaux. Mais, en fin de compte, me dit-on, ces travaux se réduisent à peu de chose. Si, au début, la commission gouvernementale demandait trop, les amateurs se déroberaient. Alors, presque toujours, « on s'entend » avec la commission ; on aboutit à une « combinaison » dont les résultats n'impriment qu'une bien faible secousse à la rénovation des alentours.

En somme, ce qui domine encore, et de beaucoup, ce en dehors de quoi l'on ne voit guère que des exceptions presque négligeables, c'est la très grande propriété, c'est l'antique latifundium immobile dans son mode d'administration aussi simple que possible, avec quelques grandes plaines de céréales et beaucoup plus de ces pâturages qui ne demandent ni frais de constructions, ni frais d'entretien. A cet état de choses, il est avéré que la grande aristocrastie romaine tient obstinément. Sur ces immenses domaines, où règne la routine, vit encore une population mobile et déshéritée; malgré les précautions médicales, incontestablement très salutaires, malgré certaines améliorations économiques, qui ne sont pas non plus à dédaigner, elle vaut encore moins, m'affirme-t-on, que la population d'il y a vingt ans.

De temps à autre, lorsqu'on entend parler de quelque agitation, les meneurs socialistes arrivent : mais ils arrivent avec des paroles beaucoup trop ambitieuses et des conditions beaucoup trop exagérées pour qu'il en sorte rien d'utile. Tandis qu'ailleurs ils fondent des groupements qu'ils instruisent et qu'ils habituent à des mesures d'organisation et de prévoyance, ici leur prédication se borne à répéter aux ouvriers que la terre doit être à eux, puisque ce sont eux qui la travaillent. En tout cas, ces meneurs n'ont jamais eu qu'une action superficielle et passagère. Quelques-uns essaient, sous prétexte de lutter contre l'ignorance, d'ébaucher quelques semblants d'école où ils espèrent endoctriner les parents et les enfants. Ils y rencontrent deux obstacles : l'apathie même des gens et, ce qui vaut mieux, la concurrence des nouvelles œuvres catholiques.

Les organisations catholiques et les hautes autorités dont elles relèvent ont pris enfin quelques mesures pour assurer à ces travailleurs des secours religieux dans de petits centres offrant au moins quelque image affaiblie de la vie paroissiale. Les tentatives faites à l'aide du seul clergé de Rome n'avaient point donné de résultats. Le Souverain Pontife s'était adressé à l'établissement charitable des Cent prêtres fondé par Pie IX, auquel il avait été demandé de prendre soin, dans la mesure du possible, des besoins de l'Agro romano ; puis l'institution avait à peu près cessé. Pie X l'a relevée ; mais surtout il a encouragé la jeunesse romaine à suivre l'exemple, — qu'il cite du reste bien souvent et en plus d'une occasion, — de la jeunesse française. De là une œuvre mixte, moitié ecclésiastique et moitié laïque, qui fonde des chapelles et restaure le culte là où il était tombé en désuétude. Le nombre des chapelles a été porté de 6 ou 7 à 50, bien rudimentaires, il est vrai, mais groupées autour de deux paroisses. De loin en loin, l'école se fait dans la chapelle même, par des maîtres ou maîtresses bénévoles qui se renouvellent. Parfois, comme en témoignent des photographies que j'ai sous les yeux, la messe se célèbre en plein air dans la tristesse indéfinie de l'immense pâturage. L'autel est érigé dans une voiture des plus vulgaires, dans ce que nous appelons un tombereau, surmonté d'un dais formé de quelques loques. Les gens n'en accourent pas moins et les jeunes filles, bannières en tête, sont heureuses de défiler en procession.

On m'avait signalé parmi ces lieux de réunion et de culte la petite station de Lunghezza sur la ligne de Tivoli. Sous les auspices d'un libraire, trésorier de l'œuvre, je me rendis donc un dimanche matin à Lunghezza. C'est plutôt une

station de chemin de fer qu'un village : ce qu'on
y voit de maisons se réduit à peu près aux habitations des employés de la petite gare et à la vaste
construction du duc de Graziola, centre d'un
domaine dont le revenu est estimé de 70.000 à
80.000 lires. Elle est située sur une petite émi-
nence d'où l'on voit, tout près, le cours boueux
de l'Anio et, un peu plus loin, dans la plaine
nue, un autre établissement agricole encore plus
monumental. Vers neuf heures et demie, arrivaient de tous côtés des groupes d'hommes, de
femmes, de jeunes gens, de jeunes filles, d'enfants. Les plus jeunes, négligeant la route nouvelle, sautaient comme des chèvres sur les vieux
chemins coupés de fossés et traversaient la voie
ferrée pour monter jusqu'à la ferme.

En semaine, ce ne doit pas être fort gai, malgré
la solidité de ces hauts murs archaïques où se
voient, çà et là, comme en tant d'autres constructions italiennes, des pierres recouvertes de
fragments d'inscriptions. A gauche est la grange
dont on a fait une chapelle. Au fond est l'aménagement rudimentaire du *dispensiere*. A droite
sont commencés les travaux qu'une loi vient
d'exiger, pour le logement des paysans. Ce sera
une grande caserne où la promiscuité, pour être,
dans les débuts, moins malpropre, n'en sera
peut-être pas beaucoup plus morale. Actuellement, tous les individus, tous les ménages que
j'aperçois viennent de plusieurs lieues à la

ronde, où ils couchent dans des espèces de huttes ou de grottes ou de gourbis semblables à ceux qui se voient chez les défricheurs de Tunisie. Mais c'est aujourd'hui jour de dimanche. Ils sont là deux cents dans cette cour qui ressemble à un vaste caravansérail. Ils arrivent par bandes, ils étalent par terre les paquets d'où ils vont tirer leurs fichus de toute couleur, leurs petits colliers, leurs petites verroteries, bref, les ornements à bon marché que les femmes auront la satisfaction d'arborer, sans oublier le corset de pacotille que, suivant la coutume du Midi, elles mettent, non pas sous leurs robes, mais par-dessus. Plusieurs jeunes ménages ont avec eux leurs enfants en maillot, couchés dans leur berceau même ou dans leur « moïse », que le père et la mère ont porté alternativement sous le bras le long du chemin.

Le franciscain chargé du culte vient d'arriver : les plus pieuses se précipitent pour préparer leurs dévotions ; puis la cloche sonne, elles entrent toutes, les berceaux placés par terre au milieu d'elles ; les hommes suivent. Il y a une distribution de chapelets, d'images et de médailles. L'envoyé de l'œuvre romaine se multiplie. La messe commence : on chante à l'italienne, ce qui veut dire qu'à l'élévation même tout le monde entonne, non pas une mélodie grave, mais une sorte de Noël enfantin, bruyant et joyeux.

Est-il plus triste que consolant, ou plus consolant que triste, de se dire que ces pauvres gens semblent habitués à la grande pauvreté et à la dureté de leur existence? J'assiste à un baptême. Les parents sont tous deux très jeunes. Comme leurs compagnons de travail, ils sont d'un hameau de la montagne, où ils retourneront la saison finie. Ce matin, ils sont venus de trois kilomètres, apportant avec eux leur enfant. C'est leur premier, — il est, même à la chapelle, dans son petit berceau portatif, sous les couvertures les plus voyantes et les enrubannements les plus compliqués. Le père et la mère sont vêtus. très décemment d'habits neufs encore, évidemment ceux du jour de leur mariage, qui est si peu éloigné. La misère n'a point eu le temps d'altérer ce que leur jeunesse a gardé de la grâce malheureusement si fragile de leur race. Au milieu du va-et-vient de la foule et de l'agitation du délégué du Cercle de Saint-Pierre qui fait office de parrain et de sacristain et, de tous les coins de la chapelle qu'il parcourt à grands pas, répond très haut aux prières, j'admire la piété recueillie des deux jeunes gens. Le père a une attitude à la fois sérieuse et douce; la mère, qui est jolie, a un sourire discret, mais d'une béatitude ineffable. Visiblement ils sont heureux et ils le manifestent à l'envi, mais en tempèrent l'expression par une certaine dignité qui me surprend.

L'office et les cérémonies sont terminés : ceux qui n'ont pas apporté avec eux de quoi tromper leur faim vont chez le *dispensiere*. Celui-ci et le caporal exploitent-ils les paysans autant qu'on me l'a dit? Ceux qui sont venus avec moi et que je questionne à ce sujet ne me répondent qu'à voix basse et en se penchant vers mon oreille, comme on aurait répondu autrefois à Venise à quelque question sur la tyrannie du conseil des Dix. Enfin, bien des traits de ce tableau que j'avais là devant les yeux me rappelaient beaucoup de ceux que nos missionnaires aiment à retracer de la foi naïve et du zèle pieux de quelque chrétienté du haut Laos ou des rives de quelque fleuve africain. J'étais cependant tout près de la fameuse villa d'Hadrien et à quelques quarts d'heure du monument de Victor-Emmanuel, qui aura coûté quarante millions. Les progrès de la civilisation sont inégaux.

*\
* *

Qui a le plus qualité pour hâter et régulariser ces progrès dans la région d'où nous sortons? Est-ce la province de Rome? Est-ce le gouvernement central? Il n'y a pas de quoi féliciter beaucoup les pouvoirs locaux, s'il est vrai que la commune de Rome, par exemple, a 200.000 lires d'excédent de recettes sur les dépenses dans cette partie de l'Agro romano qu'englobe son propre

territoire. Mais ceci est affaire d'administration.
Il serait peut-être relativement facile d'amener
les représentants de la majorité des électeurs à
une politique plus équitable envers une minorité
si disgraciée. Mais c'est toujours — et cela depuis
des siècles — du côté du législateur qu'on se
retourne pour lui demander de soi-disant grandes
mesures. Certes, il en a été pris beaucoup, et,
ce qu'il y a de plus singulier, c'est que presque
toutes ont encore quelque vigueur et quelque
action sur la légalité proprement dite ou sur les
usages locaux, mais avec un enchevêtrement qui
fait le désespoir des amis de la logique et de la
clarté. Aussi les réponses qu'on obtient sont-elles
ou paraissent-elles souvent assez différentes les
unes des autres. Il n'y a d'accord que sur un
point : c'est que tout est très embrouillé et que
cette situation date de loin. Le bibliothécaire du
ministère de l'Agriculture, homme dont la compétence dépasse même la sphère ordinaire de ses
fonctions et qui se tient au courant des moindres
travaux, en Italie et à l'étranger, me dit :
« Depuis plus de mille ans, depuis le pape
Zacharie, le régime de la campagne romaine n'a
pas changé : malgré toutes les lois votées, puis
amendées, puis abrogées, puis tombées en désuétude, nous en sommes encore au même point. »

Et, en effet, tous les écrits qui analysent les lois
agraires, depuis celles de l'*Ager publicus* de l'ancienne Rome jusqu'à nos jours, en passant par

les édits et statuts des papes Zacharie, Innocent II, Martin V, Pie IV, Pie VI, Pie IX, pour ne citer que ceux-là, nous ramènent invariablement vers un certain nombre de difficultés (origines de bien des crises contemporaines) et dont les principales sont les suivantes.

Ne nous perdons pas dans les origines. Laissons l'histoire du temps où les distributions gratuites de blés venus de la Sicile ou de l'Afrique ne détournaient pas moins du travail agricole que, plus tard, la crainte trop justifiée des invasions et des pillages. La grande propriété qui existe en Italie et particulièrement dans la province de Rome, de temps immémorial, a toujours préféré le système des pâturages, qui ne lui cause aucun souci. Cette grande propriété empêche la culture intensive qui donnerait satisfaction à des besoins plus variés, fixerait une plus nombreuse population dans des emplois et dans des séjours stables, permettrait, ajoute-t-on, d'obtenir contre la malaria des succès plus durables.

Pour diminuer les inconvénients de cette grande propriété et de cette agriculture extensive, on a, — de temps également immémorial, — reconnu certains droits d'usage (*usi civici*) à tous les non-propriétaires sur les biens des propriétaires. Ceux-ci ont gardé leur droit personnel, mais grevé de ces servitudes dont la plupart sont bien connues.

Périodiquement ces servitudes soulèvent des

plaintes et des résistances, la masse s'écriant que les concessions qu'on lui fait sont insuffisantes, les propriétaires estimant que les servitudes dont on les grève sont excessives. De là, des transactions dont la nature et dont la solidité surtout varient considérablement. L'action législative y apporte de temps à autre un ordre apparent et factice, beaucoup trop souvent un élément de plus de discussion et de désordre.

Telle est, en raccourci, l'histoire de la campagne romaine au moyen-âge, à l'époque de la Renaissance, dans les époques tout à fait contemporaines, sans en excepter l'année 1912. Quelques-uns des expédients du passé pourront servir à expliquer ceux auxquels on a recours aujourd'hui même.

Je ne reviens pas sur l'usage de la vaine pâture : elle ne donne lieu, dans le cours du moyen-âge, qu'à des réglementations particulières et à des procès roulant surtout sur des questions de fait. Au quinzième siècle, sous les pontificats de Sixte IV et de Martin V, on s'avisa de plus en plus que le maintien des grandes propriétés en simples pâturages équivalait à la ruine de l'agriculture et devait avoir pour conséquence d'affamer les gens : car, d'après les documents cités de cette époque (1), il semblerait que l'éle-

(1) Voir le gros in-4° de Cesare di Cupis, publié par le ministère de l'agriculture. Rome, 1911.

vage ne comptât pour rien dans l'alimentation populaire. On se réclame donc du droit au travail et du droit qu'a chacun de travailler la terre, don de Dieu. A ces raisons, qui appelaient beaucoup d'interprétations et de controverses, on avait bien soin d'ajouter que lorsque les grands domaines avaient été donnés par le souverain à ses serviteurs, ils n'avaient été donnés que grevés à jamais du droit antérieurement reconnu et reconnu partout à la pâture. On y tenait tellement qu'à plusieurs reprises défense fut faite d'aliéner aucun pâturage. Mais quant à la culture proprement dite de la terre, on voulut la favoriser en dépit de toute résistance. C'est pourquoi Sixte IV, en 1476, décida qu'à tout jamais il serait licite de défricher, de labourer, d'ensemencer, de cultiver, — en observant les règles et les usages de la culture, — tout ce qu'on trouverait d'inculte dans le territoire de Rome, sans excepter le patrimoine de saint Pierre. On ne pouvait, à la vérité, cultiver ainsi que le tiers du domaine choisi, et l'on devait, au préalable, en demander la permission au propriétaire. Mais cette permission, nul n'avait le droit de la refuser, sans s'exposer à des peines temporelles et spirituelles très graves.

Léon X n'en confirma pas moins, au siècle suivant, la bulle de ses prédécesseurs et il reconnut encore une fois, et très explicitement, à qui que ce fût, le droit de cultiver le tiers de quelque domaine que ce fût, ecclésiastique ou laïque, d'en récolter les produits et de les employer à son propre usage. Les sanctions étaient même renforcées. Les propriétaires ne résistaient pas ouvertement; mais ils mettaient à la culture des intrus toutes sortes d'obstacles : ils rendaient le transport des récoltes aussi difficile que possible, ils s'arrangeaient pour les acheter à vil prix.

Un peu plus tard, ils s'avisèrent qu'ils ne pouvaient cultiver eux-mêmes toute l'étendue de leurs immenses domaines. Le luxe de Rome et les nombreux emplois rémunérés qui s'y créaient faisaient d'ailleurs déserter de plus en plus la campagne, en dépit des exhortations pontificales. Les gros propriétaires prirent donc le parti d'abandonner à des cultivateurs les champs que ceux-ci réclamaient et de se réserver, avec le droit de vendre les premiers herbages, celui de lever une taxe sur le bétail. Sous Paul III, ils furent frappés à leur tour d'un impôt foncier : c'était le premier qui atteignît la propriété terrienne. Pour ne pas payer cette taxe, les gros propriétaires cédèrent alors le droit de pâturage aux municipalités qui devaient, en retour, prendre sur elles la charge du nouvel impôt.

Ainsi, droit ancien de pâturage, reconnu toujours subsistant, — droit de propriété constitué par le don fait de certains domaines déterminés à des particuliers, à des abbayes, à des êtres moraux de toute nature, — droit des municipalités ayant traité avec des propriétaires, — tout cela était destiné à être enchevêtré, et tout cela est demeuré enchevêtré. Pour atténuer ce que le droit de cultiver la terre d'autrui offrait d'abusif et presque de frustratoire, il fut bien décidé que telle partie des fruits récoltés (on alla, suivant les cas, du sixième au tiers) reviendrait au propriétaire du fonds.

Sous le pontificat de Pie IX, les gros propriétaires obtinrent, en 1848, une déclaration abolissant les *usi civici* ou droits d'usage ; mais les choses ne tardèrent pas à revenir à l'état ancien. Ces différents textes ecclésiastiques pouvaient avoir leur raison d'être en des temps où les conditions économiques étaient profondément différentes, où le peuple ne pouvait réussir, comme aujourd'hui, à gagner sa vie dans une grande variété de professions utiles et productives, habitués, quant à eux, et sans beaucoup de discernement, à s'inspirer, sous couleur de théologie, des documents les plus archaïques. Le clergé, nous le verrons, prenait facilement fait et cause pour l'élément populaire, surtout quand il ne s'agissait pas de ses propres domaines. Les prêtres, issus du peuple et mêlant leurs habitudes aux siennes, étaient, comme les Italiens en général, pour les résolutions brusques et violentes, sauf à retomber quelques jours plus tard dans l'apathie. C'est bien là le caractère que nous ne tarderons pas à retrouver au cours de ces crises qui furent un instant si alarmantes. Tel est l'héritage confus des siècles précédents. Si je prends la plus claire de toutes les explications obtenues au *Comité de législation agraire*, l'état de la province, et particulièrement de la campagne de Rome, est celui-ci : très peu de petits et de moyens propriétaires, beaucoup de grandes propriétés privées et de propriétés communales, enfin des propriétés collectives constituées depuis peu sous le nom d'universités agraires. Que se passe-t-il entre les unes et les autres ou entre elles et les simples particuliers?

Il faut distinguer quatre cas :

Premier cas. — La propriété privée est bien assise, elle est reconnue. Alors le propriétaire se refuse à tout pâturage gratuit. Il fait payer ceux qui veulent pâturer chez lui. Les paysans d'ailleurs payent volontiers, parce qu'ils y trouvent leur avantage. Ils exercent seulement une pression pour que le propriétaire demande aux étrangers un droit double du leur.

Deuxième cas. — Le propriétaire se refuse à louer ses pâturages, et sa propriété, d'ailleurs, est discutée, — ou bien on la discutait déjà auparavant ou bien on la discute en ce moment même. On croit savoir qu'il lui serait difficile de produire ses titres. Alors les paysans s'entendent pour y exercer leurs *usi civici*. Ils prétendent, — ce qui, me dit-on, n'est pas toujours faux (1), —

(1) Les réclamations de nos Cahiers de 1789 et plus d'une

qu'il n'y a là devant eux qu'une propriété de fait, usurpée sur la collectivité ou arrachée à la faveur. Si le propriétaire résiste, il arrive que les paysans pénètrent chez lui de force. Dans ce cas, comme ils se gardent bien de rien payer, le propriétaire transige. Il aime encore mieux louer la pâture que de se la voir imposer sans paiement. Peu à peu, les plus capables de payer et d'y trouver eux-mêmes leur avantage deviennent seuls concessionnaires.

Troisième cas. — Le propriétaire cède encore assez souvent lorsque le paysan, au nom des droits d'usage, *usi civici*, réclame la transformation du droit de pâture en un droit de culture. Alors il est établi une rotation de quatre années, deux années d'ensemencement, deux années de véritable pâturage; et une partie des produits revient au propriétaire du domaine. On reconnaît là une des combinaisons introduites dans les complications du régime par les édits des anciens Papes.

Quatrième cas. — Le propriétaire fait une cote mal taillée : il abandonne complètement une partie pour libérer complètement le reste et demeurer maître d'y faire seul ce qui lui plaît ; ou bien il rachète toutes les servitudes pour une somme d'argent une fois donnée. Du produit de

réclamation de conseils généraux au cours même du dix-neuvième siècle ont élevé chez nous de semblables griefs.

ces abandons profitent, soit la commune proprement dite, celle que les Suisses appellent la commune d'habitants (pour l'opposer à leur commune de bourgeois), où tous les citoyens sont égaux en obligations comme en droits, soit cette commune dans la commune qui s'appelle en Italie *université agraire*. Nous touchons ici à une institution, sinon absolument nouvelle (car dans des documents des douzième et treizième siècles on retrouve des mentions de la « noble université » — quelquefois simplement dénommée « communauté » — des bouviers), du moins renouvelée. Mais pour la voir vraiment développée et en nombre, il faut aller dans une partie du Latium qui s'écarte assez sensiblement de la classique campagne romaine, je veux dire l'arrondissement de Viterbe. Là sont établies 45 universités agraires : c'est donc là qu'il convient de les étudier, car le mot et la chose vont aussi se retrouver dans les confusions de l'après guerre.

*
* *

D'abord, que le mot d'université n'induise pas en erreur ! Il ne s'agit là ni d'enseignement ni de culture scientifique. L'université agraire n'est pas non plus, comme la commune de bourgeois des cantons suisses, uniquement composée des héritiers d'antiques familles appelés par droit de naissance à la jouissance exclusive de certains avantages très anciens. Voici comment elle se constitue. J'ai pu, à la sous-préfecture de Viterbe, obtenir communication des pièces relatives à la constitution et à la réglementation de plusieurs d'entre elles, dont deux ont été fondées en 1911 et en 1912.

Comment s'en forme le premier noyau? Au hasard et arbitrairement? Pas tout à fait. Les gens notoirement aisés en sont naturellement exclus. En sont exclus également ceux qui sont frappés de certaines tares, comme les faillis, comme les gens condamnés pour certains délits. De plus, il faut avoir dans la commune proprement dite un certain nombre d'années de résidence, ici dix ans, là vingt ans ou davantage. Ce sont les premiers fondateurs qui décident et qui apprécient ce qu'on peut opposer à une absence plus ou moins motivée, plus ou moins temporaire. Quelques universités, comme celle de Vetralla, ont tenu à stipuler qu'il ne suffisait pas d'être propriétaire à la campagne ou d'y vivre soit de son revenu soit d'un métier, mais qu'il fallait y exercer par son propre travail quelque industrie ou occupation vraiment agricole, le tout sous réserve de l'homologation préfectorale. L'université est spécialement destinée à une « fraction » (nous dirions en France à une section) de la commune ; c'est dans la fraction même qu'il faut habituellement résider.

Dans l'acte de fondation de l'université de Va-

lentano (datant de 1905), je lis ceci : « Sont considérés comme *utenti effettivi*, c'est-à-dire membres de
l'université et jouissant de tous les droits qu'elle
confère, les chefs de famille, hommes ou femmes : le mari, s'il est vivant, représente sa femme
et ses enfants. La femme veuve peut prendre sa
place. En toute hypothèse, la concession est limitée à un membre par famille. Peuvent encore
être admis les propriétaires d'une vache, d'un
cheval ou d'un mulet ou de trente brebis. Une
fois que le premier groupement a été ainsi constitué, il peut s'ouvrir à des membres nouveaux :
la liste est revisée tous les ans. Quant à la propriété collective de l'université, elle n'est ni divi-
sible ni aliénable, comme l'est la propriété communale. L'administration en est assurée par des
règles très minutieuses, où l'on voit très bien
qu'a passé l'action des bureaux. L'étendue des
terres livrées au pâturage, celle des terres qu'il
est permis d'ensemencer, l'emploi fait, les ressources retirées des parcelles qui, dépassant les
besoins des membres, — tels que l'assemblée
directrice les reconnaît et les délimite, — peuvent être loués à des étrangers, tout cela est
revisé chaque année par un conseil dont les
délibérations doivent être approuvées par l'autorité administrative.

Pour donner une idée exacte et vivante de la
constitution du domaine d'une université agraire,
je ne puis mieux faire que de reproduire ici l'in-

ventaire de l'une d'elles. Voici celui de l'université de Vetralla, fondée en 1911. Ses biens comprennent : 1° la forêt de Montefogliano, déclarée bien populaire par rescrit de 1902, soit 1230 hectares, desquels est toutefois exclue l'enceinte réservée dite San Angelo, propriété communale sujette à servitude populaire pour le bois mort gisant à terre ; 2° les redevances versées pour rachat des servitudes de pâturage, soit de la part de l'administration des domaines, soit de la part de 24 particuliers, au total 1283,34 : 3° les intérêts de titres de rente provenant des rachats d'autres servitudes.

À ces biens, possédés en toute propriété, s'ajoutent des redevances et des droits à revendiquer éventuellement : droits civiques sur terrains non affranchis, où les propriétaires ayant seulement le droit d'ensemencement se sont arbitrairement clos, puis droits d'usage sur les propriétés communales, puis droits sur certaines terres abandonnées en compensation d'affranchissement, etc.

Les autres dossiers, tels que celui de l'université de Bassanello fondée en 1912 (propriétaire d'un pré, d'un bois, d'une maison, d'une emphytéose grevée d'une redevance, de divers droits de pâturage et de trois actions du consortium agricole d'Orte), offrent un assemblage tout pareil de pièces et de morceaux, de conventions actives ou passives, où la commune d'habitants et l'université ont réciproquement des droits l'une sur l'autre. Le tout s'administre par un conseil qui arrête le budget, car il y a un budget. Le conseil, ne l'oublions pas, a le droit de déterminer ce qui est nécessaire ou non aux besoins de chaque membre ; le reste est acquis à la collectivité et il s'augmente du produit des concessions, s'il y en a. Quand l'université a des fonds en réserve, elle achète des machines, des semences de choix, elle fonde des prix (le tout, je crois bien, en théorie et sur le papier). En retour, s'il y a déficit, tous les membres y pourvoient solidairement et par des contributions « congrues ».

Le déficit — il fallait bien s'y attendre — risque assez souvent, — on me l'affirme — de provenir du grand nombre des employés rétribués, soit par exemple à Vetralla : 1 secrétaire, 2 vice-secrétaires, 3 gardes-champêtres, 4 encaisseurs-trésoriers, 1 appariteur.

Peut-être sommes-nous maintenant préparés à nous demander si de pareilles institutions se sont vraiment révélées comme des œuvres de paix sociale et de bienfaisance, et dans quelle mesure. J'avais commencé l'étude de cette question lorsqu'à Rome je lus sur les journaux que dans cette commune de Vetralla, dont il vient d'être parlé, il y avait eu une séance très agitée à l'occasion de l'élection du conseil de l'université agraire. Il avait été opposé à la procédure de nominations une obstruction tenace, et il était visible que ceux qui avaient demandé

l'ajournement espéraient un enterrement définitif. Une feuille, entrant dans plus de détails,
expliquait qu'aux yeux des habitants hostiles
l'université devait être la ruine du pays : or ces
opposants appartenaient au centre, au groupe
principal, pour ne pas dire au chef-lieu de la
commune. Au contraire, les habitants des fractions réclamaient à grands cris l'application de
la loi, la croyant très bonne, c'est-à-dire très
favorable à leurs intérêts.

Au comité de la législation agraire, on convint
que ce genre de conflit était fréquent, le centre
de la commune et ses fractions ayant presque
toujours des intérêts opposés. Le centre, — qu'en
France on appelle aussi le bourg, — est d'autant
plus froid, — pour ne pas dire plus, — à l'égard
de l'Université, qu'il contient, d'un côté, plus
de gens aisés ennemis de tout ce qui limite la
propriété privée et en gêne la liberté, d'un autre
côté, des artisans, des commerçants le plus souvent exclus de la création populaire par des
règlements dont j'ai donné un échantillon. Les
uns et les autres pensent aussi que si rien n'était
distrait des anciens biens communaux, — quel
qu'en soit le type, — ils ne s'en verraient pas
retirer les avantages au profit exclusif d'une
communauté particulière, ce contre quoi naturellement cette communauté proteste tant qu'elle
peut.

Quelques jours plus tard, revenant de Viterbe

à Rome, je vis monter dans mon compartiment,
à la gare même de Vetralla, un certain nombre
d'habitants du dit village. Parmi eux étaient des
hommes très « cossus », à demi-cultivateurs, à
demi-bourgeois. J'en avisai un pour l'interviewer.
Il était justement de l'université agraire, mais il
faisait partie des opposants obstructionnistes, et il
n'était resté jusque-là dans l'association que pour
essayer de la faire dissoudre. Par toutes ses démons-
trations et par ses réticences mêmes, je vis clairement qu'il y avait dans cette commune, dans son
groupe central surtout, un esprit nettement défa-
vorable au système de l'Université agraire. Toutes les raisons que le comité des jurisconsultes
du Corso m'avait résumées et commentées sont
parfaitement exactes : je les retrouve dans ma
conversation; mais j'y vois quelque chose de
plus et qui n'a rien de surprenant. C'est l'éternelle querelle de ceux qui, mieux doués ou mieux
servis par les circonstances, vantent surtout le
progrès des richesses où ils sont sûrs d'avoir
meilleure part, et de ceux qui, arrêtés dans la
pauvreté, voudraient au moins y trouver quelques garanties contre l'extrême misère. Plus
aisé, plus instruit, plus habitué à l'indépendance,
toujours désireux d'acquérir pour lui seul quelque nouveau bien dont il tirera plus de parti
que n'a fait l'homme contraint à le lui céder,
l'habitant du bourg préfère donc de beaucoup la
propriété strictement individuelle : il estime que

l'autre est faite pour les populations arriérées, besogneuses et sans ressources. C'est ce que mon interlocuteur me laisse voir avec une parfaite clarté, et aussi avec un mélange de fierté à l'endroit de son propre milieu, de léger dédain pour le reste : « De pareilles choses, me dit-il, sont bonnes pour les petits endroits misérables : elles ne conviennent pas à des pays aussi riches que Vetralla. »

Vetralla est, en effet, avec ses 3500 habitants, une des communes les plus prospères de l'arrondissement : on ne peut la comparer en rien à ce qui se voit dans la campagne romaine. Sans doute, la partie occidentale participe un peu au régime des maremmes; mais la partie nord se ressent d'avoir été pays étrusque; et quant à la ligne de Rome à Viterbe, elle traverse une succession de plaines et de coteaux où la petite et la moyenne propriété ne sont ni rares ni méprisables. On y voit presque toutes les cultures, des bois, des pâturages, des vignes, des arbres fruitiers, quelques oliviers, de la culture maraîchère. Ce n'est pas la parure de la Toscane; mais c'est encore moins le haillon jeté sur les monotones pâturages de l'Agro romano. La route qui, du beau parc public de Viterbe, conduit à l'intéressant monastère de la Quercia traverse une campagne assez plantureuse et des villas où l'on a voulu que tout fût productif; car les longues avenues qui mènent à la maison antique et spacieuse ne sont ombragées que de treilles et de berceaux, sans aucun arbre de pur agrément. Les fermiers, qui paient jusqu'à présent, en nature, voudraient désormais payer en argent ; mais ils réclament l'établissement d'une moyenne qui, disent-ils, devra les mettre à l'abri des surprises des mauvaises années. Ils ont donc franchi une étape, sans être encore à ce point où l'agriculteur établit lui-même, avec discernement et prévoyance, l'équilibre de sa production comme celle de son budget. Les institutions sociales sont à peu près inconnues, les caisses rurales commencent à peine sous l'impulsion d'un médecin de Viterbe, le docteur Paguanini, qui se multiplie et qui est à peu près le seul homme des classes moyennes ou supérieures à consacrer une partie de son temps au bien public. N'était la fameuse question des droits d'usage et des conflits entre les divers types de propriété mêlés les uns aux autres, tout serait fort tranquille en tout temps. Le plus souvent, tout le demeure, avec une tendance marquée à la routine, mais tempérée, comme en Ombrie, par de louables mœurs familiales. Lorsque le père meurt, la veuve gouverne le petit bien. On a vu qu'elle pouvait entrer dans l'université agraire, quand il y en a une, pour y représenter les siens. A son défaut, le fils aîné prend sa place.

Enfin, ce qui est en Italie une rareté, l'émigration, m'affirme-t-on, n'est connue dans le Viter-

bois qu'à titre individuel et sporadique. L'une des causes de cette sédentarité exceptionnelle est que les métiers des artisans locaux sont restés là plus à l'abri des concurrences. Ni les grandes usines, ni la capitale n'exercent sur eux d'attraction ou de perturbation sérieuse (1).

Dans son ensemble, le Latium a une émigration plutôt faible, notablement inférieure à celle même de l'Ombrie. Dans la période 1905-1907, elle était, par 10.000 habitants, de 138,5 au lieu de 196,7 (et au lieu de 221 dans le royaume). Est surtout faible la part de cette émigration qui se dirige vers les États européens ou se disperse autour de la Méditerranée. D'après les renseignements qu'on recueille sur les lieux, l'arrondissement de Viterbe et la campagne romaine doivent tendre à faire baisser cette moyenne, comme les parties plus montagneuses ou plus rapprochées des régions méridionales tendraient au contraire à l'élever.

**

En résumé, les progrès des provinces centrales sont réels, mais ils se font avec une extrême lenteur; ils n'ont surtout aucune allure de propagande et de conquête. C'est à la médecine uni-

(1) Voir Coletti, *Dell'emigrazione italiana*, in-4°, Milano, 1912, p. 124.

verselle que sera due, un jour ou l'autre, la certitude de pouvoir habiter impunément la campagne romaine. Mais, après avoir triomphé des atteintes de la bête, il faudra, pour assurer la transformation, à tout point de vue si désirée, des cultures, réorganiser virilement les groupements de cultivateurs. Jusqu'ici, le Centre est trop méridional par ses mœurs ; la capitale elle-même en souffre. L'activité septentrionale, qui sait si bien faire la part de l'initiative individuelle et de l'entente sociale, n'a réussi à y faire brèche ni dans le fouillis des lois, des règlements et des usages surannés, ni dans les duperies de la politique électorale, ni dans l'apathie de la grande majorité des habitants.

CHAPITRE IV

I

Toutes les nations ont été si violemment troublées par la dernière guerre et par ses suites que chacune d'elles a intérêt à voir comment ses voisines, ses rivales et ses alliées ont réussi ou non à se remettre en une assiette solide. Succès et échecs, expédients trompeurs et ingénieuses combinaisons, tout peut servir à tous de leçon utile. C'est à ce titre que le public français s'intéresse, encore plus qu'en temps normal, au mouvement social de l'Italie d'aujourd'hui.

L'État italien avait, — comme tous les autres, — ses difficultés, les unes temporaires, les autres permanentes. Parmi ces dernières, une des plus saillantes était la difficulté de mettre plus d'accord et plus d'harmonie entre la vie industrielle et la vie agricole du royaume ; la première paraissait réclamer des aides artificielles pour parer à certaines insuffisances naturelles, comme celle qui résulte de mines de houille ; la seconde voulait plutôt qu'on allégeât ses charges, qu'on débarrassât son sol des vestiges d'une longue incurie et ses institutions d'une surcharge de mesures factices, qu'on répartît plus équitablement les impôts et qu'on permît aux produits de la culture de la terre de s'échanger plus librement, qu'on ménageât enfin aux divers groupes de producteurs, propriétaires, capitalistes et ouvriers, les conditions d'une entente et d'une coopération également fructueuses pour les uns et pour les autres.

Il y a donc ici deux ordres de problèmes. Il paraît assez naturel de commencer par ceux qui concernent le monde rural et le travail agricole.

*
* *

De 1901 à 1911, s'étaient manifestées, dans les classes productrices, quelques modifications dignes d'être surveillées. Au recensement de 1911, le nombre des travailleurs de toute sorte au service de la terre avait diminué de 3 o/o. Trois provinces faisait exception : la Calabre (à qui cependant l'émigration prenait chaque année 42.000 travailleurs), puis la Pouille et la Vénétie, ces deux dernières révélant, semble-t-il, plus de fertilité ou naturelle ou acquise qu'on ne l'avait cru. Les plus fortes diminutions portaient sur le Piémont, sur la Lombardie, — effet plus que probable du développement de l'industrie nationale. Beaucoup le regrettent, rappelant que l'agriculture ne peut faire autrement que de rester la source la plus abondante et la plus sûre de la richesse du royaume. D'autres s'en félicitent, dans l'espoir que les gains de l'industrie rendront plus faciles les progrès techniques et scientifiques de l'agriculture elle-même. De pareilles conséquences, on peut toujours les espérer et les hâter. Il fallait toutefois constater que, dans cette même période décennale, le nombre des régisseurs et hommes d'affaires était tombé de 29.090 à 27.071. Ce recul, les économistes italiens l'expliquent surtout par les pertes que les grèves et les revendications croissantes du personnel ouvrier infligent aux propriétaires. Ces derniers pourraient sans doute prendre eux-mêmes l'initiative de dépenses et d'améliorations productrices. En réalité, c'est le contraire qu'ils font : ils réduisent ce genre de travaux où ni eux ni les paysans ne sont compétents et dont ils auraient à faire les frais supplémentaires. Cette observation que je recueillais déjà il y a dix ans (1) n'a pas cessé, loin de là, d'être généralement justifiée.

A ces diminutions en correspondait une autre.

____

(1) Voir, dans *le Correspondant* : *L'esprit public en Italie* (10 avril 1910); *Enquêtes scolaires, l'Italie du Midi* (25 janvier 1911); *Études sociales sur l'Italie. I. L'Ombrie* (25 janvier 1913); II. *Le Latium* (10 février 1913).

Le nombre des agriculteurs travaillant leurs propres terres avait diminué de 821.000, tandis que le nombre des journaliers (des braccianti) augmentait de 1.454.706. Il est évident que ces deux ordres de faits, étroitement liés l'un à l'autre, ne pouvaient être favorables ni à la paix publique ni à la prospérité générale. Il faut en dire autant de la diminution des métayers : elle était de 506.298 personnes, gros chiffre qui s'explique par le fait que, dans le métayage, tous les membres de la famille travaillant sur le même domaine sont également comptés (1).

Si maintenant on veut bien se rappeler que partout où le métayage prédominait les grèves agraires étaient rares, on ne pourra que regretter cette dernière diminution plus vivement que toute autre. Elle est symptomatique d'un état d'esprit qui dans la crise d'après-guerre n'a pas cessé d'empirer. Sans doute dans le pays par

(1) Quelques statisticiens soupçonnent que ces chiffres ont bien pu être légèrement altérés par des modifications survenues dans les nomenclatures officielles. En 1901, disent-ils, les bureaux avaient probablement compté comme propriétaires un trop grand nombre de ces travailleurs qui, en étant essentiellement des journaliers, avaient encore à eux quelque lopin de terre : en 1911, on a pu adopter la méthode contraire et placer dans les braccianti un plus grand nombre de sujets. Cette explication n'est donnée qu'à titre de conjecture. En tout cas, elle n'affaiblit guère la portée de la comparaison, car le gros écart signalé tend bien à démontrer que la proportion des purs travailleurs a plutôt augmenté que diminué.

excellence du métayage, la Toscane, on voit que le régime, si bien conseillé par la nature du sol et de ses cultures, a résisté. On assure même qu'il y a fait quelques nouvelles conquêtes ; car, en 1920, on citait des propriétaires qui vendaient ou affermaient leurs propres terres pour en prendre d'autres en métayage. Mais un tel fait est plutôt exceptionnel. Dans l'ensemble du pays, le métayage semble bien être actuellement frappé d'une sorte de discrédit. Quelques-uns prétendent que, dans l'affaiblissement contagieux des courages qui sévit à l'heure actuelle, beaucoup de métayers craignent d'avoir encore trop de responsabilité personnelle et que, pour eux, mieux vaut encore la vie au jour le jour. Une telle allégation est-elle aussi prouvée qu'ingénieuse ? En Italie, les crises, quelles qu'elles soient, sont si promptes, si vives, mais le plus souvent si passagères ! Il est cependant deux faits qui sont beaucoup plus constants. Le premier est l'absentéisme persistant des propriétaires qui ne suppléent point assez à ce que l'esprit de prévoyance et de progrès a d'insuffisant chez le simple colon. Le second fait est que les populations rurales sont de plus en plus en passe de devenir victimes d'un sophisme déclamatoire : le métayer, leur crient de tous côtés les socialistes, n'est pas un homme libre, et le mode de partage qui le lie au propriétaire lui enlève plus de moyens d'amélioration qu'il ne lui en donne. On l'excite donc à devenir au moins fermier à rente fixe, ce qui lui donnerait plus d'indépendance et plus d'initiative, lui dit-on. De tels encouragements à une émancipation en masse, donc très précipitée, s'accordent mal avec le caractère séculaire du paysan italien : les propriétaires fonciers ne font d'ailleurs pas assez pour l'enhardir à secouer ses habitudes routinières et défiantes ; et quant aux intermédiaires, régisseurs ou professeurs ambulants, il n'est pas besoin de dire, tant le fait est universel, que ce sont encore les plus mal vus et les moins bien écoutés. L'ajustement si désirable de l'ancien esprit de travail et de soumission et du nouvel esprit réformateur est donc bien lent à se faire sentir, ce qui entretient un esprit de malaise et de mécontentement.

Toutefois ce qui est encore plus visible que tout le reste, et ce qui donne la raison la plus décisive de la campagne menée contre le métayage, c'est que les masses socialistes lui sont hostiles, comme elles sont hostiles au fermage et à la petite propriété et à toute forme de participation du travail dans les entreprises patronales. Cette coopération ne peut, à les en croire, que prolonger la vie d'un système où les possédants individuels ont trop de part aux bénéfices. Plus le nombre des purs travailleurs, employés au jour le jour, s'accroîtra, plus leur force révolutionnaire se développera, de manière à pouvoir ruiner de fond en comble et d'un seul coup l'ordre social. Et, en attendant, que craindre? Les ouvriers, qui se contentaient, il y a vingt-cinq ans, de gagner 1 lire 50 par jour, exigent maintenant 5 lires par heure et prétendent avoir terminé leur journée un peu avant midi. Quand j'étais à Rome, en septembre dernier, les vendangeurs obtenaient 50 lires par jour. Il y aura des chômages? Qu'à cela ne tienne! Avec une ou deux manifestations armées, la menace d'une grève générale et un bon ordre du jour, les secours de chômage afflueront ; alors pourquoi « s'obliger » suivant l'expression nationale, c'est-à-dire s'enchaîner? Le vrai point d'appui de la propagande dite des temps nouveaux, le voilà. Le reste, sur quoi d'ailleurs on reviendra, n'est que mise en avant de prétextes plus ou moins appropriés aux divers sujets de plaire et aux divers préjugés des auditoires.

Pour détendre peu à peu des liens mal acceptés et tout réajuster sans brisure, il ne fallait pas plus compter sur la libre initiative d'en haut que sur celle d'en bas. L'ignorance agitée des uns ne remédiait guère à l'obstination égoïste des autres. Celle-ci a été souvent signalée par ces quelques élites dont l'Italie ne manque pas et qui ont flétri, — le mot n'est pas excessif, — l'état non seulement inhumain, mais imprudent, dans lequel les gros possédants laissaient les pauvres cultivateurs. Dans mes précédentes enquêtes, j'ai résumé plus d'un de ces éloquents témoignages. Aujourd'hui, c'est le moment de se demander comment on a profité de ces sévères leçons. Quel a été, quel est encore le rôle de ces trois forces qui sont l'école populaire, la classe moyenne et le clergé ?

**

L'état de l'enseignement primaire en Italie offre un contraste saisissant entre ce qu'elle entend faire et fait en réalité pour certains pays exotiques et ce qu'elle fait sur son propre territoire. Autant elle se glorifie, — et avec raison, — de ses écoles extérieures, autant elle a de quoi gémir, — ce qu'elle fait du reste, — sur la misère de ses écoles primaires à l'intérieur. De cette opposition, — qui explique beaucoup de choses, — il était aisé de se rendre compte à l'exposition de Turin en 1911. Des pays de colonisation, d'émigration et de pénétration commerciale et de ceux-là surtout qu'on espérait ou conquérir ou gagner à soi, arrivaient à l'envi les brillants témoignages du zèle patriotique avec lequel avaient été provoquées, encouragées, soutenues les œuvres scolaires. C'était, de tous côtés, une profusion sans pareille d'exhibitions imagées ou livresques, des photographies d'enfants de toute couleur, Italiens d'origine ou non, rangés près d'un religieux ou d'une religieuse en train de faire la classe. Dans les accessoirs de la petite scène, qui se répétait de salle en salle, on voyait les murs de chaque classe ornés des portraits du roi et de la reine, avec celui d'un patron, saint, bienheureux ou vénérable. Plus nombreux encore étaient les cahiers d'écriture, de calcul, d'histoire de l'Italie, sans compter les ouvrages des fillettes, les travaux d'apprentissage des garçons de tous métiers et les inévitables jardins d'enfants soigneusement reproduits. Deux ordres religieux brillaient là par-dessus tout, les Franciscains et encore plus les Salésiens. Le royaume visait là trois buts : la préservation de la nationalité des émigrants, leur élévation intellectuelle, enfin la pénétration économique du pays où il les laisse aller. Une telle prévoyance et un tel souci lui font honneur : mais ne lui font-ils pas un peu trop oublier ou négliger d'autres devoirs plus à sa portée ? dans les statistiques les plus voisines de cette belle exposition, il était révélé qu'au cours d'une seule année (1908-1909) furent fermées, par insuffisance de ressources ou manque de maîtres, 337 écoles, dont 42 dans la province d'Ancône, 66 dans la province d'Aquila, 46 à Cagliari, 99 à Salerne, 54 à Teramo, 36 à Bergame (ce dernier chiffre m'étonne plus que les précédents ; je le donne tel que je l'ai lu). Or, par chaque centaine de maîtres qui manquent, ce sont des milliers d'enfants qui croupissent dans l'ignorance. Tant faire pour le dehors est beau, mais à quoi ces efforts serviront-ils s'ils ne sont pas mieux soutenus à l'intérieur? En définitive, Rome est dans Rome et la véritable Italie va bien des Alpes à l'Adriatique et à la Méditerranée.

Depuis 1911, l'Italie s'est installée en Libye, puis à Trieste et à Trente. En a-t-elle pris occasion pour aviser aux insuffisances des écoles et à l'absence d'écoliers dans la Péninsule? En octobre 1921, le sous-secrétaire d'État chargé de l'instruction publique passait lui-même la revue de ces misères. Après avoir constaté avec une certaine satisfaction que la Lombardie, la Vénétie et le Piémont n'avaient guère plus de 12 o/o d'analfabeti, il se lamentait de voir que le Latium en avait 45 et la Calabre 78. Dans cette dernière province, il avait vu des semblants d'écoles dont le dénuement et la saleté lui avaient paru trop d'accord avec l'état des campagnes sans chemins, sans eau potable, sans égouts, sans médecins ni pharmaciens. Mais dans ce Latium qui enveloppe la ville éternelle et les superbes témoignages du Risorgimento, quels sacrifices a-t-on faits? Le journal qui représente le parti au pouvoir va nous le dire: on a multiplié les sinécures, de telle sorte que ce ne sont pas les maîtres qui semblent faits pour les écoles, mais que ce sont les écoles qui semblent faites pour créer aux maîtres des situations quelconques. Dans un article intitulé: *Les conditions désastreuses de l'instruction primaire à Rome*, le même organe expose que le budget paie un suppléant pour

5 enseignants. L'année dernière, dit-il, environ 200 suppléants ont été chargés de faire l'école, tandis que les maîtres titulaires, tous parents de conseillers municipaux, d'anciens conseillers ou d'employés de la commune, touchaient leur traitement complet, sans compter la gratification, moyennant quoi ils s'en allaient à travers la capitale pour y exercer d'autres métiers ou n'y rien faire. Il y a bien un grand luxe d'inspecteurs, et de sous-inspecteurs, mal payés, il est vrai, mais qu'on ne voit jamais dans les écoles. De ces faits et de quelques autres encore le journaliste officieux conclut qu'il faudrait « porter le fer et le feu dans cette baraque pourrie et tout refaire, depuis les premiers fondements ». Mais, ajoute le censeur, « qui pourra le faire ? Ma chi potra farlo » ? Le pouvoir central offre bien aux communes des combinaisons extrêmement ingénieuses pour diviser le fardeau. Devant le peu qu'on leur demande de contributions, les communes du Midi reculent : elles aiment mieux renoncer au bénéfice des subsides conditionnels qu'on leur offre de deux côtés différents. L'honorable sous-secrétaire d'État, — car c'est lui qui parle en ce moment, — se voit obligé de déclarer que, pour édifier les 40.000 écoles qui lui manquent, 2 milliards seraient nécessaires.

Faut-il s'étonner dès lors qu'avec tant de concitoyens à l'esprit si prompt, à l'imagination si forte, aux habitudes si longtemps laborieuses et dont les travailleurs qui émigrent sont appréciés par tant de nations étrangères, l'ascension sociale soit si difficile et si rare ? Et ce qui cependant importerait le plus, n'est-ce pas précisément que sur 100 enfants des écoles primaires, il y en ait au moins 10 qui aient appris quelque chose de nouveau et d'élevé ? Seulement ces 100-là, il faut évidemment les avoir groupés et pour ainsi dire offerts à la sélection. Dans mes précédentes enquêtes, on m'avait signalé sur place cette anomalie d'un grand Etat n'ayant, m'affirmait-on, pas de classes moyennes, pas de bourgeoisie. Les affirmations que j'avais recueillies à ce sujet m'avaient paru très péremptoires. Néanmoins il m'était resté quelques scrupules. Je m'étais plus d'une fois demandé si cette anomalie n'était pas exclusivement le fait de provinces bien déshéritées. Cette fois, j'ai tenu à poser de nouveau ma question en des milieux divers. Or, au Nord comme au Midi, la réponse a été la même et tout aussi affirmative. « Ce que vous avez observé là, me dit-on, en Piémont comme en Toscane, est toujours vrai. Sans doute, il y a quantité de gens qui ne sont ni miséreux ni grands seigneurs. Il y en a qui pourraient faire un peu meilleure figure, mais qui paient volontiers leur farniente d'une vie frugale et d'une absence de confortable. Il y en a même qui trouvent le moyen de s'enrichir dans certaines situations comme celles d'intermédiaires, de gabelloti, de dispensieri, de

gérants, d'agents d'émigration, de directeurs
techniques, de fermiers; mais tous ceux-ci, les
derniers surtout (1), sont généralement mal vus,
en bas comme en haut, et ils ne sont pardonnés
qu'en se mêlant de nouveau et ostensiblement
aux prolétaires. En tout cas, ni ceux-là, ni les
hommes des carrières dites libérales ne forment
d'ensemble comparable, même de loin, à votre
bourgeoisie française. Celle-ci a ses traditions,
son esprit héréditaire, actif et conservateur, ses
intérêts communs, son influence et surtout son
recrutement rénovateur grâce au soin qu'elle
prend de donner à ses propres enfants une instruction et une éducation plutôt supérieures à
celles qu'elle a reçues.

« Chez nous, me dit textuellement un Italien
professionnellement renseigné sur tout ce qui se
passe en son pays et habitué à le comparer avec
les autres, la bourgeoisie n'a pas encore pris sa
place au soleil. » Aussi entre les prolétaires et
les politiciens, entre les masses confuses des premiers et les petits clans où intriguent les seconds,
elle n'est point en état de s'interposer. Tout au
plus en voit-on quelques linéaments se former

(1) C'est sur les fermiers qu'on a fait le plus peser les lois
restrictives des bénéfices de guerre, en portant à 20 o/o et
au-delà l'élévation des taux des fermages. (Décrets de juin
1916. Cf. décret du 30 juin 1918.) Il est vrai que parmi ceux
qui ont obtenu ces décrets figuraient plus de propriétaires
que de fermiers...

et se réunir. S'il y a ici, ajoute-t-on, quelques progrès à espérer, c'est de la Lombardie, de ses industries, et de ses métiers moyens, qu'il y aurait lieu de l'attendre. C'est bien là qu'un travail initié peu à peu aux conditions intellectuelles et scientifiques du succès a le plus de chance de suppléer aux lamentables insuffisances de l'instruction élémentaire.

Les amis des institutions économiques si bien étudiées et si bien conçues de l'Italie septentrionale ou centrale s'étonneront de ces observations. Est-ce que, dira-t-on, l'on n'a pas depuis longtemps donné en modèles au reste du monde et à la France, en particulier, ces banques de petit crédit, ces coopératives dont les règlements sont si bien combinés ? Sans doute : mais voici qui jette une ombre malheureuse sur ce brillant tableau. En septembre 1921, un homme des plus distingués, un Florentin, directeur d'une banque de crédit populaire, orateur très justement écouté des Semaines Sociales, député et secrétaire de la Chambre, M. Martini, me remettait un opuscule où je lisais : « La crise du mouvement agricole vient non du manque de capitaux, mais du manque d'intermédiaires capables de garantir que les capitaux prêtés iront bien à l'agriculture. Étant donnée la nature des caisses rurales, leurs prêts se dispersent à peu près exclusivement dans les dépenses domestiques des associés. » Je m'étonne maintenant beaucoup

moins d'un contraste que je ne m'expliquais pas
si bien autrefois : d'un côté les combinaisons si
ingénieuses sur le papier, et même, dans le Nord
toujours, des œuvres coopératives si bien enten-
dues ; de l'autre des réticences sceptiques et des
déclarations comme la suivante : « Vous êtes,
dites-vous, surpris que nous ne suivions pas
mieux l'exemple de ces créations d'une partie de
la Haute Italie. La raison de notre abstention est
très simple : nous ne parvenons pas à trouver
l'homme qu'il nous faudrait pour diriger les
groupes intéressés et pour les discipliner. » En
maintes circonstances, il est vrai, la presse
annonce une fondation nouvelle ; elle l'annonce
en beau style, avec des considérants et un programme de nature à justifier cette déclaration
qu'on me faisait à Florence même : « Nous jetons
de la poudre aux yeux. » Trop souvent, — un
religieux français établi en Italie m'en cite des
exemples. — le comité qui est censé parler au
nom d'une association nombreuse se réduit à un
seul homme, ou politicien ou aspirant politicien, qui en a eu l'idée. Les proclamations, les
procès-verbaux, les ordres du jour, les dépêches
enregistrées par les journaux, tout, en un mot,
est de lui et de lui seul. Ce qu'il rêve de faire, ce
qu'il s'imagine avoir déjà commencé, il le donne
comme fait. Si on ne remarque pas beaucoup
la supercherie, c'est que le lendemain il y en aura
une autre, et ainsi de suite. On ne craint même

pas d'engager le gouvernement lui-même et d'annoncer le dépôt de tel projet ministériel qui, dit la dépêche que j'ai lue, « sera d'un égal avantage pour le contribuable et pour le Trésor public ».

Si la bourgeoisie ne donne guère ces hommes si désirés, le clergé est-il à même de les lui fournir ? Dans ce pays où l'anticléricalisme est à peu près inconnu, où l'on tient même à superposer à toute espèce d'idées, d'habitudes et de passions les apparences d'une religiosité universelle, il semblerait que le prêtre dût être très consulté et très suivi, même dans les questions économiques, Certainement, il voudrait l'être : depuis quelques années au moins, on dirait qu'il s'efforce de regagner le temps perdu. Un gros industriel piémontais, qui a été député de sa circonscription et avec qui j'avais eu le plaisir de m'entretenir à l'Institut, le jour de la réception de M. Salandra comme associé étranger, voulut bien, l'été dernier, répondre à l'un de mes questionnaires. « Le clergé en ce moment s'occupe beaucoup moins de la religion que de l'organisation des caisses rurales, du commerce des engrais, des denrées agricoles et de la politique. » Nous verrons bientôt comment il entend cette politique. Je suis bien tenté de croire, dans tous les cas, que cet intérêt qu'il porte aux questions alimentaires fait plus de bruit que de bonne besogne ; car parmi ceux qui se plaignaient le plus à moi

de ne point trouver assez d'hommes compétents
et sûrs, je comptais deux évêques piémontais et
un supérieur de grand séminaire toscan.

C'est donc ici pour moi le moment de revenir,
quoique la question soit très délicate, sur l'état
du clergé italien. De loin, on est porté à croire
qu'il doit retirer un large bienfait du rayonnement de ce foyer de science religieuse et de profonde piété qui se renouvelle sans cesse autour
du Vatican. Mais il faut d'abord réfléchir que
cette grande élite est surtout formée de représentants des ordres étrangers. C'est là que sont les
maisons généralices, les procures, les fondations
françaises, belges, allemandes, anglaises, améri-
caines... Les cardinaux italiens n'en sont certes
pas absents, loin de là. Ceux qu'on y trouve
apportent dans le concert la note caractéristique
de leur race, c'est-à-dire un mélange de patience
et de souplesse persuasive qui les rendent si aptes
aux pourparlers diplomatiques. Leur véritable
école est bien celle des nonciatures. Il n'en reste
pas moins que les plus illustres membres du
Sacré-Collège sont en même temps ou Domini-
cains ou Jésuites ou Franciscains ou Carmes. On
ne peut s'empêcher de conjecturer qu'ils doivent
encore plus de leur prestige catholique à la valeur
de leur congrégation qu'à celle de leur propre
pays.

Pour qu'il en fût autrement, il faudrait que
l'enseignement et surtout la formation sacerdo-

tale du clergé italien ne souffrissent pas d'un mal profond. A qui s'étonnerait de voir un laïque s'aventurer sur ce terrain, on pourrait répondre : Pour juger de l'étendue du mal, on n'a qu'à penser à la rigueur du remède qu'aurait voulu faire accepter le Pape lui-même, le noble et courageux Pie X, si simple, si familier, si paternel et en même temps si résolu. En 1901, j'avais écrit : « Pour que l'Église d'Italie eût plus d'action et une action plus heureuse sur la société de son pays, il faudrait qu'elle fût munie d'une autorité moins affaiblie par le morcellement excessif de ses diocèses. » Sur quoi un anonyme, ecclésiastique à coup sûr, et, à coup sû aussi, l'un des trop rares amis de la réforme, eut l'obligeante idée de m'envoyer un tableau manuscrit des diocèses de sa province (l'Ombrie), En tête était transcrite ma propre phrase. Puis venait, sans commentaires, la liste des 14 évêchés et des 2 archevêchés d'un territoire de moins de 700.000 habitants. Chacun de ces évêchés, — c'est là le plus grave, — s'obstine à garder son soi-disant grand séminaire. On devine aisément ce que celui-ci doit être dans des diocèses qui n'ont, en général, que de 19 à 40.000 diocésains : et il en est ainsi dans le royaume tout entier. Qu'on m'excuse de le dire, j'ai été le premier et je crois même le seul à suivre publiquement la tentative de réforme voulue par Pie X, mais étouffée sous la conspiration du silence.

Peu de temps après son avènement au Pontificat, il avait éloigné de Rome un grand nombre de prêtres oisifs, et il avait fondé pour la campagne de Rome, si abandonnée, « l'Œuvre des Cent prêtres ». Pour assurer une amélioration durable, il aurait ensuite entrepris, sans être soutenu en rien par les siens, de constituer de vrais grands séminaires conformes aux nôtres. J'ai raconté alors mes visites dans les grands séminaires de Sicile, confiés par le Pape à des Lazaristes français, puis dans les séminaires du Midi de la Péninsule, comme Lecce, où les 400 séminaristes qui languissaient jusqu'alors dans 14 diocèses avaient été réunis. C'étaient encore nos religieux français qui avaient été appelés pour leur enseigner la théologie en collaboration avec un Piémontais. Une autre congrégation française, celle des Eudistes, avait été également sollicitée. J'avais vu enfin presque entièrement élevés dans Assise les murs de l'édifice qui devait grouper tous les jeunes clercs de l'Ombrie. Alors, au lieu de ces menus groupes sans vie, sans émulation, sans ressources intellectuelles, ne cessant jamais d'être mêlés aux petites vues et aux petites intrigues de leur milieu local, on pouvait, si le mouvement continuait, voir se consolider un clergé travailleur et décent, apte à unir les autres classes et à leur faire accepter de réels services. Bientôt on avait appris que les nouveaux établissements se vidaient l'un après l'autre. Aussitôt le Pape disparu, les congréganistes réformateurs qu'il avait fait venir du dehors virent qu'ils n'avaient qu'à rentrer chez eux. La vieille routine paresseuse. maintenue par des intérêts et des amours-propres de clocher, avait repris sans bruit tout son empire. Donc, de plus en plus séparé, ici de ce qui eût pu être une bourgeoisie sélective, là des classes riches qui, du reste, ne cèdent à aucune réclamation que sous le coup de menaces prêtes à passer à l'exécution, le bon peuple, frugal et laborieux, mais ignorant, crédule et très excitable, est bien facile à égarer. Or il est notoire qu'à ces exaltations fécondes en imprudences et toujours promptes à dépasser le but le clergé italien est venu trop souvent ajouter les siennes. Une haute autorité du clergé international de Rome me dit en propres termes : « Il y a certainement ici, dans les grosses paroisses, de très bons curés; mais l'ensemble ne s'est pas borné à servir la démocratie, c'est à la forme la plus basse de cette démocratie populaire et prolétarienne qu'il porte ses complaisances, pour ne pas dire ses complicités; il a pris un esprit rageur et quasi révolutionnaire. » Que peuvent alors les économistes distingués et avisés que le gouvernement appelle de temps à autre au Sénat? A côté d'eux, dans les mêmes universités, ils ont des collègues qu'on peut qualifier d'économistes orateurs et qui, avec des distinctions alambiquées, parlent indifféremment pour ou contre le droit de propriété, pour ou contre le respect des contrats, pour ou contre l'initiative individuelle. Ce sont ceux-là qui sont le plus écoutés.

On peut se reporter ici à la difficulté que tant d'hommes religieux ont éprouvée, en France et ailleurs, à concilier les conseils de la morale évangélique avec le souci des lois naturelles et avec la conviction qu'on ne peut adoucir la force des choses que si on sait bien jusqu'où elle va et le point où on ne peut la heurter sans se briser. Chez nous, l'esprit public a fait, sous ce rapport, bien des progrès. Il s'est donné la peine de comprendre ce que certains documents venus du Vatican même ont dû suggérer de prudence et de respect du droit à tel illustre orateur, universellement respecté. Il ne paraît pas que le clergé italien ait fait attention à ces documents autrement que pour nous les opposer à nous. Si encore ce qu'il refusait aux enseignements de l'économie politique, il l'eût accordé plus largement à l'Évangile. Mais je causais, il y a peu d'années, avec le directeur de la plus grande librairie catholique de Rome. Il constatait avec amertume le marasme de son industrie, et il me disait : « Que voulez-vous ? Le prêtre italien ne lit plus absolument rien que des journaux. »

C'est pour toutes ces raisons que le pays entier peut être comparé à ce que dans l'industrie contemporaine on appelle un moteur à explosions.

Les énergies prêtes à passer à l'état dynamique et à mettre tout en mouvement par une explosion d'enthousiasme ou de colère ne manquent pas : l'orgueil des grandes destinées, le désir d'en retrouver la gloire et le profit, la volonté bien arrêtée de s'y employer avec un minimum de sacrifices personnels, une imagination toujours prête à s'enflammer pour ce qui semble lui promettre une aide et contre ce qu'on lui montre comme un obstacle ou simplement comme l'occasion d'un temps d'arrêt, telles sont les forces dont les combinaisons peuvent déterminer, du jour au lendemain, des secousses violentes, tantôt dans un sens, tantôt dans un autre. Une politique très habile surtout en matière de diplomatie, une facilité trop grande, offerte au pouvoir central, de tout régler par des mesures étatistes n'ont pu tempérer les dangers d'interventions populaires, à la fois incohérentes et violentes. Un prélat appartenant à l'un de ces grands ordres mondiaux auxquels Rome doit une si large part de son prestige, le cardinal archevêque de Gênes, voyait bien que les difficultés de son pays n'étaient pas uniquement dues à la charge des dépenses de guerre non soldées et à l'insuffisance momentanée des transactions. Il s'en prenait à l'esprit général de ses diocésains, sans en excepter son propre clergé, *anche nel clero.*

Comment s'expliquer, leur écrivait-il, en son mandement du 25 juillet 1920, qu'après tant d'années de travail et d'effort, tant de publications et de discours, tant d'œuvres de piété et de charité, tant d'annales de bienfaisance, tant de créations dispendieuses, on n'ait pas réussi à remettre la société sur la bonne voie et que nous soyons appelés à assister à la plus menaçante des situations ? Comment expliquer que les hommes les plus considérables, les publicistes et économistes les plus distingués, disposant de tous les moyens de la puissance publique, échouent complètement dans leur entreprise ?

Le prince de l'Église répondait lui-même à la question en disant que la cause de l'impuissance était dans l'esprit de parti et dans le manque d'unité, le groupe qui semblerait le moins éloigné de la vraie voie étant toujours enclin, pour se maintenir au pouvoir, à faire des concessions, tantôt aux socialistes, tantôt aux libéraux, tantôt aux francs-maçons. Aussi, quant à lui, l'archevêque renonçait-il à lutter contre un diocèse et un clergé qui ne le suivaient pas et retournait-il, en août 1921, au poste qu'il occupait dans le Conseil universel du Saint-Siège. A coup sûr, il eût souhaité, il eût même, s'il avait été certain d'être obéi, recommandé une plus étroite subordination des contingences de la vie publique aux grands enseignements de la vie religieuse. Il avait loué un groupement qui s'appelait l'*Unione popolare*, et qui lui avait paru s'inspirer de ces idées Quand il en avait vu sortir un *Partito popolare*, il n'avait pas tardé à voir dans cette substitution d'un mot à un autre un symptôme préoccupant. Le parti ne gardait plus, à ses yeux, le gage de l'unité désirable. A un point de vue plus humain, il partageait certainement cette opinion du député piémontais que j'ai déjà cité et qui m'écrivait, en septembre dernier : « La portion la plus intelligente de mes compatriotes ne manque pas de remarquer la discordance qui existe dans le programme du parti actuellement au pouvoir. Il est tout en faveur de la petite propriété ici en Piémont, et, au contraire, presque communiste dans les régions où la grande propriété est le type de l'exploitation agricole. C'est là une faiblesse destinée à devenir de plus en plus évidente et peut-être à empêcher sérieusement la fortune politique du parti. »

Tous ces faits et toutes ces réflexions étaient nécessaires pour l'explication des troubles surprenants dont nous avons maintenant à parler.

*
* *

A ces troubles de 1919, 1920 et d'une partie de 1921, on s'est efforcé d'assigner des origines qui ne fussent pas trop de nature à les discréditer : les déceptions d'une guerre qui n'avait pas donné tout ce qu'on espérait, les engagements pris envers les combattants et qu'on estimait n'avoir pas été suffisamment tenus, les souffrances résultant de la destruction de tant de richesses et d'une affligeante diminution de la production. Rien de tout cela n'est inexact ; mais comment à un mal réel a-t-on opposé de faux remèdes faits pour l'envenimer encore et en prolonger la calamité, c'est là ce qu'il s'agit d'expliquer. Les socialistes italiens étaient déjà puissants, mais ils étaient désunis. Ce qui dans l'orage qui s'annonçait vint troubler le plus profondément l'atmosphère sociale du royaume, ce fut le succès apparent de l'accaparement des terres en Russie ; cette prétendue victoire complétait, pensait-on, celles que les partis agraires avaient remportées en Roumanie, en Grèce et ailleurs. Alors s'implantait facilement dans les esprits cette idée que la propriété individuelle non seulement n'a rien de sacré, mais doit s'incliner devant le pouvoir de l'État, maître d'en disposer selon ce qu'il juge nécessaire aux intérêts de la collectivité !

Pour se jeter à son tour dans une application complète et instantanée de ces principes, le peuple italien ne manquait malheureusement pas d'encouragements. Trop de mesures, en effet, devaient le pousser à un étatisme croissant : le rachat des chemins de fer, l'expropriation des compagnies d'assurance, la création de nouveaux monopoles, le refus d'admettre les « confessionnels » dans les comités des œuvres d'assistance ; n'omettons pas, — quoiqu'il eût été finalement retiré, le projet de forcer les capitalistes à transformer leurs titres au porteur en titres nominatifs. Cet accroissement continu de l'étatisme amenait-il un renforcement de l'autorité? Ce fut le contraire. Devant la fureur des uns et la frayeur des autres, les hommes chargés du gouvernement proprement dit et de l'application des lois semblèrent abdiquer. Aujourd'hui encore on entend des hommes de toute nuance déclarer que l'ordre n'est point assuré, parce que les ministres continuent à se comporter comme s'ils s'en désintéressaient. Dès lors le gros du peuple devait se dire que c'était à lui à réaliser la justice, telle, bien entendu, qu'il la comprenait.

Pour débuter on prit pour mot d'ordre : *la terre aux paysans.* On ne le comprit pas comme un idéal à réaliser peu à peu et comme un mouvement à favoriser par des voies légales. On entendit arriver au but tout de suite et y entraîner tout le monde. Après la terre aux anciens combattants, on cria : la terre à ceux qui travaillent, puis la terre à ceux qui n'en ont pas à travailler, puis la terre à ceux qui en ont bien, mais pas assez à leur convenance. La Saint-Martin étant le jour où les engagements des domestiques de fermes expirent de plein droit (quitte à être renouvelés), on en conclut dans certaines régions que ce jour-là devait être celui de l'expulsion, mais l'expulsion totale et définitive des propriétaires. C'était leur tour. De cent côtés différents s'organisèrent ces envahissements tumultuaires. Les groupes étaient convoqués au son de la cloche, puis se rendaient avec leurs bannières, leurs tambours et leurs clairons, — sans oublier leurs revolvers, — sur la propriété à revendiquer. Est-il besoin de dire que les vrais paysans étaient grossis de toutes sortes de gens, les uns désirant faire main basse sur tout ce qui se trouvait dans les domaines, les autres préférant prendre une véritable exploitation, mais plus avantageuse? Les anciens combattants devaient, disait-on, recevoir des terres : mais que faire, quand ils rencontraient devant eux d'autres combattants qui s'étaient déjà créé à eux-mêmes une propriété? Les respecter eût été leur premier devoir. Il arriva, paraît-il, qu'on les expulsa bel et bien. C'est ce que beaucoup firent au nom de la propriété collective ou plus simplement de la coopération si vantée.

A ceux-ci, les hommes qui avaient encore conservé quelque sang-froid eurent l'occasion de dire publiquement : Mais pourquoi vouloir tout faire en faveur d'entités nouvelles, alors que dans le Latium, par exemple, il y en a de parfaitement outillées et très prospères, œuvres pies, hôpitaux, universités agraires, communes même? Fallait-il donc détruire ces dernières pour en improviser violemment de semblables, — semblables à l'expérience près? A Tolga, à Meniana, à Monterano, à Sabazia, prospéraient les domaines pleins de machines et de bêtes de travail : on prétendait leur substituer des coopératives ne disposant d'aucun moyen ni financier ni agricole, ne pouvant même pas, vu le caractère aléatoire de l'occupation, trouver du crédit.

En tout cela, quelle était donc la doctrine ou plutôt le rôle des communistes, ennemis de toute propriété, petite, grande ou moyenne, ennemis de toute participation et ne voulant que du salariat universel? Eh! bien, ils déclaraient, au congrès de Bologne, que les prises de possession des terres étaient un bon commencement, mais seulement un commencement; la fin était un communisme pur et simple, sous la direction de qui? De tout le monde! Donc tout le monde se mettait à la besogne c'est-à-dire au pillage. Inutile de dire qu'on ne s'attaquait pas de préférence aux terres non cultivées ou paraissant ne pas l'être. C'était précisément aux plus belles et aux mieux tenues qu'on s'en prenait. Ceux qui auraient soupçonné quelque parti-pris d'exagération dans ce que j'ai dit plus haut du clergé d'Italie devraient se demander ici de quel effort d'apaisement et de pondération il a dû faire preuve. Je ne dirai pas qu'il a en toute occasion donné les preuves de dispositions toutes contraires : mais enfin il est bien connu que, dans nombre de circonstances, il se mêla à la foule des envahisseurs et que, quand il ne participait pas à l'insurrection, il l'encourageait. Il fit même plus à Bergame : là il contribua au pillage des biens du comte Medolago Albano et l'on y cite les deux ecclésiastiques qui se rendirent coupables à son égard d'actes de séquestration et d'extorsion de signatures. Les noms des désavoués et des blâmés sont connus de toute l'Italie.

Il ne faut pas s'étonner dès lors si tout le monde prit peur (à l'exception des pillards) et si la Couronne elle-même crut devoir jeter du lest en renonçant à la propriété d'une dizaine de châteaux royaux. A ce sujet, les uns dirent : La Cour a donné là la preuve de son grand dévouement à la cause populaire ; elle a senti que ces propriétés de pur agrément allaient enfin redevenir des terres utiles et productives. D'autres estimèrent que le mobile avait bien pu être le désir d'exonérer la famille royale de charges devenues trop pesantes. En tout cas, cette mesure fut prise, comme beaucoup d'autres, sans explications publiques et sans commentaires.

Cependant ni l'emportement, ni la violence n'excluent une certaine habileté sophistique, surtout lorsqu'y prêtent des préjugés répandus et des lois mal faites ou surannées.

J'ai expliqué, en détail, comment des lois successives, datant de cinq, six et sept siècles, et même plus, jamais explicitement abrogées, jamais conciliées, permettent de réclamer à certains propriétaires de gros pâturages une partie de leur terrain, si le réclamant peut soutenir qu'il lui en faut une pour suffire à la production de son blé familial. Cette restriction et quelques autres apportées aux donations d'autrefois pouvaient très bien s'expliquer quand ces donations primitives étaient gracieuses, que, de plus, elles étaient considérables, et qu'enfin les travailleurs limitrophes étaient loin d'avoir toutes les ressources que leur offrent les conditions économiques d'aujourd'hui. On comprend moins que les contemporains et surtout ceux de 1919 et 1920 aient pu se croire autorisés à faire de ces coutumes et de ces textes protohistoriques (si on peut employer le mot) l'abus qu'ils en ont fait. Or ce premier abus en engendrait un autre. Les propriétaires les mieux assis dans leurs droits résistaient-ils à des prises de possession dépassant toute mesure : les envahisseurs avaient beau jeu. Ces invasions violentes, du moment où elles invoquaient, fût-ce contre toute vraisemblance, un des arguments archaïques, datant par exemple du pape Zacharie, échappaient à toute mesure d'ordre pénal (hors les cas d'abus exceptionnels portant tort à la chose publique, comme l'altération d'une source ou la destruction partielle d'un canal). La juridiction civile était seule compétente. C'était donc un procès qui devait s'engager entre solvables et insolvables. C'est à l'instant le plus critique de cette frénésie qu'un publiciste romain s'écria : « Mais la moitié de

l'Italie va être en procès avec l'autre moitié! »
De tous côtés, quand la peur ne fut plus aussi
paralysante et qu'on entreprit de réagir, on
réclama des arbitres. Si les procès avaient été
en effet aussi nombreux, on eût été fort embarrassé de trouver des experts et des arbitres de
quantité et de qualité suffisantes. Pour les rému-
nérations, le ministre de la justice avait fait voter
un crédit total de 3o.ooo lires. C'était une véritable
dérision, à moins que ce ne fût un moyen spiri-
tuellement imaginé pour amener les gens à s'entendre. Ce qui opéra plus sûrement et plus
complètement, ce fut la simple vue de ce que les
envahisseurs auraient à faire s'ils voulaient tirer
profit de leur conquête : tout remettre en état,
remplacer le matériel dilapidé, trouver des
capitaux de roulement, des semences, du bétail.
Oh! sans doute, ils lançaient tout de suite des
appels à la tutelle de l'État, des invitations à leur
fournir tout ce qui leur était nécessaire pour
cultiver. C'était comme un refrain d'opéra, ou
encore comme ces Internationales et ces Marseil-
laises par lesquelles débutent, pour se donner du
cœur, un grand nombre de congrès. Le texte ne
varie pas. Il faut des routes, il faut des canaux,
il faut des travaux hydrauliques, il faut des
habitations ouvrières à bon marché, il faut des
engrais, il faut des machines, il faut des
avances... sans quoi la possession du sol n'est à
notre égard qu'une dérision.

Mais le peu de succès de ces mises en demeure ne laissait place à aucun doute. Les nouveaux agrariens virent qu'ils n'avaient plus qu'une chose à faire, rentrer chacun chez eux, après s'être offert la satisfaction de planter un drapeau rouge au milieu de chaque champ abandonné

Le désordre n'en persistait pas moins dans les esprits. Pour qu'il ne regagnât point, au bout de quelque temps, les rues et les chemins et n'y provoquât point des agitations d'une forme nouvelle, il fallait venir à bout de certains préjugés. Deux surtout s'étaient propagés en Italie, comme du reste, à un moment donné, en France, à savoir qu'il y avait beaucoup de terres abandonnées sans culture et que là même où la terre produisait, l'agriculture nationale ne lui faisait pas produire assez de blé. Ces deux observations furent relevées et combattues comme elles le méritaient par ces revues de Turin, de Milan, de Florence (1) qui traitent avec un lumineux bon sens et une documentation précise les questions de l'économie sociale. Malgré tout, j'ai pu constater que certains milieux, qui m'avaient autrefois paru plus solides, n'avaient pas été sans se laisser entamer. Il sera donc utile d'y revenir : car les perturbateurs ne manquaient pas d'attribuer ces deux prétendues défaillances

(1) *L'Economista italiano*, *La Riforma sociale*, *La Rivista internazionale di scienze sociali*, etc...

à l'égoïsme paresseux des classes possédantes, et c'était, disaient-ils, aux nouveaux agriculteurs qu'allait revenir la tâche de réparer ce double mal. Sur ces déclarations contre les terres laissées sans culture par l'incurie des gros propriétaires, se greffaient celles qui visaient l'insuffisance des céréales et particulièrement du froment. On estimait que, si les familles incriminées mettaient de si grandes étendues de terre en pâturages, c'était uniquement pour s'épargner le souci d'une culture plus savante et plus patiente : car si elles n'avaient pas la même qualité de produits, elles en avaient du moins une quantité qui suffisait à leur paresse et à leur amour de l'oisiveté.

Reprenons une à une ces différentes propositions. Des statistiques très sommaires s'étaient donc avisées que si, du nombre géographique des hectares du royaume, on soustrayait les hectares incontestablement bien cultivés, puis les espaces occupés par les eaux, par les routes, par les immeubles bâtis et enfin par les terres naturellement stériles, il restait 3 millions 1/2 d'hectares qu'on ne savait où placer dans les statistiques. On les avait apparemment passés sous silence parce qu'on n'y avait trouvé que des cultures tout à fait insuffisantes. Il n'y avait donc, disait-on, qu'une chose à faire : y installer d'office des travailleurs qui les rendraient productives et en deviendraient de droit les propriétaires.

Ceux qui affichaient le plus beau zèle pour le

remplacement de tout latifundium par de petites ou de moyennes propriétés mettaient en avant l'agro romano (la campagne romaine) et l'Italie méridionale, c'est-à-dire la Basilicate, la Calabre et les îles. Commençons par les provinces du Midi. Les projets qui les concernent sont rares, pour ne pas dire plus. Il semble même qu'il y ait là, aussi, une conspiration du silence tendant à éliminer un problème qu'on n'ose pas regarder en face. Un des ministres les plus compétents et les plus dévoués à l'agriculture italienne, M. Mauri, me dit lui-même : « La Sicile en reste toujours dans ses programmes à une seule solution, à l'envahissement des terres. » D'autre part, un sous-secrétaire d'État, à l'obligeance et à la sincérité duquel je suis depuis longtemps habitué, M. Longinotti, de Brescia, me dit : « Le problème du latifundium méridional est insoluble pour deux raisons : les paysans du Midi ne savent pas s'organiser, et surtout il leur sera impossible de devenir petits propriétaires tant que durera le régime de l'urbanisme (c'est-à-dire de ces concentrations de 20 à 25.000 travailleurs en une seule ville d'où ils sont obligés de rayonner pour aller cultiver les terres où le propriétaire les emploie).

Ce double aspect de la difficulté mérite un examen très attentif.

Que les paysans du Midi de l'Italie s'organisent beaucoup moins que ceux du Nord, les chiffres suivants le prouvent surabondamment. Il existe dans le royaume un Conseil général des travailleurs de la terre. La *Citta di Milano* nous apprenait que les adhérents inscrits étaient 152.000 en 1901 et 850.000 en 1920. Mais les chiffres respectifs des différentes provinces variaient étonnamment : 284.000 pour l'Emilie, 175.000 pour la Lombardie, 150.000 pour la Vénétie, 55.000 pour la Toscane, 28.000 pour le Latium. Puis à mesure qu'on descend vers le Sud, on voit les contingents baisser à 9000, à 5000, a 2700 pour la Calabre, à 25 pour la Basilicate (non pas 25.000, mais 25 unités purement et simplement).

C'est que, pour s'organiser, il faut déjà être en possession d'un peu d'indépendance, de quelques moyens de propagande et d'un pouvoir de pression collective. Le Nord a cela, même chez les plus misérables ouvriers des rizières. Lorsque ces hommes émigrent temporairement en Europe centrale et en France, c'est pour en rapporter des idées, les unes bonnes, les autres mauvaises, mais poussant à la discussion, à l'entente et à l'action concertée. Dans leur propre pays, ils sont en contact avec les populations ouvrières des usines qui ont la puissance du nombre et les ressources de la grève. Le paysan du Midi, lui, n'est soutenu à peu près par personne, ni par ses pareils, aussi individualistes que lui-même, ni par une aristocratie plus frappée là de déchéance que partout ailleurs, ni par

un semblant de bourgeoisie née de spéculations
et de combinaisons électorales également louches,
ni par ce clergé dont j'ai été amené à dire l'esprit de paganisme et de superstition. Enfin, l'on
m'a affirmé que le peu de pouvoir dont se trouvent disposer les possédants est précisément
employé à empêcher leurs travailleurs de se réunir. Ceux-ci n'en sont que plus résignés à se
rabattre sur l'émigration, sur l'émigration lointaine et à long terme. Ceux qui reviennent ne
rapportent avec eux aucun changement d'habitudes, aucune volonté de progrès, si ce n'est dans
leur tout petit bien-être, chèrement acheté.

Dans de pareilles conditions, le Nord et le
Midi continuent à se faire l'un à l'autre assez
peu de compliments et, — ce qui est plus fâcheux,
— assez peu d'offres de services. Un économiste
qui lui, cependant, est du Nord, M. Eynaudi,
récemment promu sénateur par la couronne, et
que j'ai eu le plaisir d'entendre appeler par des
Italiens le Paul Leroy-Beaulieu de l'Italie, prend
volontiers la défense du Sud. Dans un article
écrit en 1920 (1), il s'élève vivement contre l'idée
que les travaux exécutés (ou censés devoir l'être)
dans les provinces méridionales, reboisement,
régime des eaux, travaux hydrauliques, dussent
être compensés par des traités de commerce
avantageux pour les provinces du Nord. « Ce
qui est proposé là, dit-il, est un marchandage

(1) *Corriere della Sera*, du 24 avril 1920.

frauduleux. Ce que le Midi a le droit d'avoir, il doit l'avoir sous la seule réserve des possibilités financières. » — « L'Etat, continue-t-il, se plaint de ne plus trouver de fonctionnaires et d'employés dans les provinces du Nord. Que deviendrait-il donc sans cet élément méridional auquel nous reprochons de manquer d'instruction (1) et d'être incapable de se donner à l'industrie et au commerce, mais qui est certainement frugal, ami de la famille et l'unique classe où reste encore un certain sentiment du respect de l'Etat et de l'intérêt collectif? » L'éminent économiste eût pu ici relever cette injustice dont j'ai entendu parler bien des fois. On pose comme principe général que les communes dites urbaines (à partir d'un certain nombre d'habitants) doivent être plus imposées que les autres, en raison des facultés que leur donne une existence mieux fournie d'engins nouveaux de civilisation et de progrès. Or, en vertu de ce principe, on compte et on traite comme des « villes » ces centres méridionaux dont j'ai parlé et qui ne sont que des agglomérations de pauvres gens mal logés, très dépourvus de communications et contraints de faire à pied, chargés de fardeaux, les kilomètres (quelquefois six, sept et huit) qui les séparent du lieu de leur travail (2).

(1) Pour cause : on ne lui donne pas d'écoles.
(2) J'ai décrit brièvement l'un de ces départs, il y a dix ans, dans mes *Etudes italiennes.*

Ce singulier mode d'urbanisme a, en Sicile surtout, des conséquences étonnantes. Pendant la semaine, les paysans se rendent donc, comme je viens de le dire, sur les terrains à travailler. La plupart trouvent des abris dans de vagues constructions très rudimentaires ou dans de grosses fermes, éloignées du centre et éloignées les unes des autres. Dans la nuit du samedi, ils descendent pour chercher au centre administratif des engagements qu'ils espèrent meilleurs. De la nuit du samedi à la nuit du lundi, on ne rencontre à peu près âme qui vive; c'est l'empire de la désolation, mais d'une désolation coupée de vols de bestiaux. Ne s'est-il donc constitué entre ces pauvres gens aucune entente? On affirme qu'il y en a une et très puissante qui, malgré les dénégations officielles, existe toujours, la célèbre Maffia. C'est précisément elle qui tire du vol du bétail de gros bénéfices. Elle fait même de l'élevage un vrai monopole, grâce à la terreur qui arrête les poursuites et empêche de conserver un troupeau si exposé.

Ce n'est donc pas simplement la tendance criminelle au vol organisé qui agit ici : c'est l'ensemble des facilités qui lui sont offertes par des anomalies chroniques. Mais même en dehors des cas relevant du code pénal, le mouvement qui résiste à la division du latifundium méridional ne peut être que bien faible. Dans une société normale il y a généralement deux actions

modificatrices de la propriété terrienne qui se
font équilibre : l'action des travailleurs économes
qui trouvent le moyen d'acquérir une propriété
désirée et de grossir même peu à peu leur bien
héréditaire; en sens contraire, l'action des dis-
sipateurs ou des maladroits qui se mettent dans
le cas d'avoir à céder peu à peu des portions
croissantes de leur fortune. Dans les provinces
du Sud italien, il suffit qu'un lopin de terre soit
trop éloigné du chemin qui pourrait le desservir,
trop éloigné d'une source ou d'un point d'eau,
trop éloigné surtout du gros centre servant de
domicile aux heures de repos ou de chômage,
pour que l'urgence de s'en débarrasser ou l'impossibilité de continuer à s'en charger s'y fasse
sentir. Qui alors l'achètera, si ce n'est le gros
propriétaire voisin, toujours prêt à s'arrondir?
Voilà bien ce qu'entendait sommairement m'expliquer le très honorable sous-secrétaire d'État.

Pour remédier à ces calamités séculaires il faudra certainement des efforts séculaires eux aussi,
d'autant que plus on retarde l'ouverture des
travaux réparateurs, plus on abandonne les forces naturelles à leur œuvre de destruction. Avant
la guerre on estimait que pour remettre 1 hectare
de terre en état de recevoir une famille paysanne
dans les conditions de salubrité, de viabilité
locale et de productivité suffisantes, il fallait
prévoir une première mise de fonds de 1000 lire.
Depuis la guerre, il en faudrait trois ou quatre

fois plus. Ceux qui embrassent le problème dans son ensemble n'hésitent plus à dire qu'il y a là pour la moitié du royaume une dépense de 10 milliards... de 10 milliards à judicieusement distribuer et à judicieusement employer. Tel est le chiffre auquel s'arrête l'*Economista Italiano* du 23 mars 1920.

L'opinion publique est-elle prête à diriger et à seconder utilement une bonne partie de ce budget complémentaire? C'est ici le moment de rappeler cet autre préjugé fort répandu, que l'Italie devrait être la terre promise des céréales. Les hommes spéciaux, à plus forte raison les agronomes de valeur supérieure qui abondent en Italie, luttent pourtant comme ils peuvent contre cette idée artificiellement propagée par les congrès et ligues populaires. En toute hypothèse, il faut distinguer. Sans doute, l'Italie, prise en bloc, produit beaucoup moins de froment que d'autres pays, guère plus de 12 à l'hectare, ce qui la laisse en déficit de 13 millions de quintaux pour sa consommation annuelle: alors que l'Autriche en donne 22, et l'Allemagne 23,4. Mais ceci n'est qu'une moyenne. En 1917, les provinces septentrionales de Crémone, Rovigo, Ravenne, dépassaient 20 et même 23. Donc le travailleur italien est parfaitement capable de produire abondamment du blé; si les rudes agriculteurs n'ont qu'une production oscillant de 7 à 8, pour atteindre seulement 9 1/2 dans les Pouilles, c'est apparemment que les conditions telluriques et climatiques ne se prêtent pas à mieux. On peut se dire qu'avec d'énormes travaux, on assainira le sol, mais c'est surtout le climat qui fait obstacle à la culture du froment. Cette culture, disent les agronomes, s'accommode de climats froids beaucoup mieux que de climats trop chauds. Il arrive que, même dans l'Italie septentrionale où l'on a des hivers rigoureux, la température estivale est quelquefois plus élevée que dans le Midi. A plus forte raison peut-on dire que dans ce Midi le cultivateur est exposé à deux maux qui, bien souvent, se succèdent et dont l'un est bien loin de guérir l'autre : ou le soleil brûle et en quelque sorte paralyse les récoltes futures pendant une période d'au moins quatre mois; ou les pluies, quand elles arrivent, tombent avec une violence à tout ravager. Donc point de prairies estivales, d'où manque de bétail et pauvreté d'engrais. Un optimiste me fait la leçon en m'apprenant que la chimie produit des merveilles pour suppléer à ces insuffisances. Mais aussitôt quelqu'un qui n'est ni optimiste, ni pessimiste, fait deux observations que voici : d'abord les engrais chimiques ne peuvent fertiliser le sol que dans les printemps pluvieux et pluvieux sans excès, deux conditions qui, on vient de nous le dire, sont rarement réunies. Ensuite, ce n'est toujours pas la chimie qui fécondera les génisses et leur donnera les moyens de se nourrir.

Les hommes de science vont plus loin. Non seulement, disent-ils, il ne faut pas songer à semer du froment partout où il n'y en avait pas : mais partout où le rendement demeure au-dessous d'un certain taux, mieux vaudrait remplacer cette culture par une autre. L'Italie n'en manque pas. La Ligurie, par exemple, fait de très gros bénéfices avec les envois de fleurs et de fruits où elle rivalise avec notre Côte d'azur. Il est bien vrai que l'ensemble des produits dont la Péninsule s'enorgueillissait jadis comme d'un domaine propre et national, les huiles d'olive, les citrons, les amandes fines, les fruits amis de la chaleur et, dans un autre ordre, le soufre, sont de plus en plus exposés à des concurrences inquiétantes de la part de contrées que les distances n'arrêtent plus. C'est une nouvelle raison, disent ceux qu'on appelle les agrariens, pour ne pas soutenir artificiellement les industries impuissantes par des droits nous valant de promptes représailles. Ces représailles, qui en fera les frais ? L'agriculture, c'est-à-dire l'industrie digne d'être appelée l'industrie nationale par excellence (1).

(1) Le conseil de modérer plutôt que d'accroître le nombre des terres à cultiver en froment aurait-il été devancé par les intéressés eux-même ? Les statistiques des superficies en question donnent les chiffres suivants :

    1909-1914 : 4.789.000   hectares.
    1915   : 5.059.500   —
    1917   : 4.315.700   —
    1918   : 4.277.600   —

En 1918, diminution nouvelle et plus notable encore, bien

Une bonne partie de ce qui précède serait encore à peu près acceptée pour le Midi, je veux dire acceptée par le Nord et transmise par lui aux provinces qu'il encourage à multiplier les bonnes cultures de fruits... C'est surtout pour l'agro romano que se déchaîne la passion niveleuse et la prétention de renouveler l'agriculture par l'expropriation, au bénéfice exclusif des braccianti. Le nom d'abord est historique, il rappelle les souvenirs, — plus ou moin confus, — des lois agraires de la République. Ceux qui, députés, financiers et hommes du peuple, entendent continuer ces traditions, les uns pour les calmer, les autres pour les déchaîner une fois de plus, ont là sous la main une matière à expérimenter; ils y trouvent aussi par malheur des éléments inflammables et explosibles.

Il est bien vrai que les surfaces d'où semble exclu, — ou peut s'en faut, — tout ce qui n'est pas pâturage sont considérables dans la campagne romaine. Personne ne doute qu'on ne puisse

que la libération de la Vénétie ait rendu à la culture de vastes étendues de plaines et que les terres redevenues disponibles aient presque doublé. D'après Bachi (dont les annuaires font autorité) la crise économique n'a cependant commencé à se bien dessiner que dans la seconde moitié de 1920.

Quant aux troubles révolutionnaires, ce n'est pas à la production des céréales proprement dites qu'ils firent subir le plus de perte (quelques milliers de quintaux, nous apprend-on, contre 2 millions de quintaux de riz et un million de quintaux de sucre).

modifier avantageusement les cultures de bon nombre d'hectares. Il est encore vrai que les espaces visés sont ceux des plus gros propriétaires, dont les richesses facilement administrées excitent bien des convoitises. Il est surtout trop facile de constater que les très grands propriétaires ont beaucoup trop attendu les décrets comminatoires de l'État pour remédier aux misères choquantes des logements destinés aux travailleurs temporaires. Il s'en faut cependant que ces pâturages soient aussi improductifs qu'on le prétend. Si les propriétaires sont riches, mettons, si l'on veut, trop riches, et s'ils ont le tort réel de ne point faire de leur fortune l'usage qu'on en souhaiterait, ils ne peuvent être si opulents qu'à la condition de vendre beaucoup de produits, et ces produits, en fin de compte, viennent bien sur le marché où le public est encore heureux de pouvoir se les procurer. Pendant la guerre, la province de Rome a fourni sur réquisition du gouvernement pour 23 millions de laines, sans compter le produit des fromages de brebis, sans compter aussi les réserves assurées par les élevages. Celui enfin qui séjourne quelque peu à Rome, et qui observe, peut voir que dans la capitale surabondent les laiteries, lesquelles donnent incontestablement un très bon lait. D'où vient-il, sinon des pâturages de la campagne romaine? Tout cela, dix économistes pour un s'étaient enhardis à le démontrer. Ils pouvaient compléter la leçon en exposant que l'Italie n'avait comparativement aux autres nations que bien peu de viande de boucherie, 21,62 bœufs par kilomètre, contre 36,15 en Allemagne, 52,2 en Hollande, 61,54 en Belgique. Qui les écoutait? En tout cas, pas les 50 o/o d'analfabeti qui s'agitaient dans la province. Ceux qui pouvaient se flatter d'être plus instruits écoutaient-ils davantage les conseils de la sagesse? Prenaient-ils bien dans le meilleur sens les leçons d'un Toniolo, que j'ai vu si attristé de son impuissance? J'avais causé longuement avec lui dans Pise même peu de temps avant sa mort. Ses élèves ne parlaient de son enseignement qu'avec enthousiasme. Quant à lui, il déplorait devant moi l'espèce d'étouffement que les influences politiques et administratives exerçaient sur les organisations pour les empêcher d'être vraiment libérales, pour les pénétrer, au contraire, de la passion d'un étatisme hégélien.

L'État cependant avait ses devoirs, dont le premier était de barrer la route à l'anarchie. La méthode qui lui parut la meilleure fut la méthode des concessions. Malheureusement c'était surtout à l'esprit d'utopie qu'il en faisait et avec une sorte de mouvement accéléré de complaisance et d'arbitraire. En 1885, on donnait au pouvoir, d'une manière générale et en termes vagues, le droit d'exproprier sans délai pour cause d'utilité publique, on allait bientôt ajouter d'utilité sociale. Cette arme assez dangereuse était restée longtemps, il faut le dire, sans application : mais elle demeurait applicable. Le 20 mai 1917, était conféré aux préfets le droit d'obliger toute entreprise agricole à étendre la culture des céréales, le droit d'établir les hausses de prix, des primes et des exonérations, le droit d'employer des prisonniers au travail de la terre. On pensait, avec toute ces mesures, obtenir plus de blé. En février 1918, des mesures étaient décrétées contre les propriétaires qui, invités à faire telles ou telles améliorations, ne les auraient point faites. En janvier 1919, on constituait un vaste domaine national que le devoir se réservait de concéder par fractions aux coopératives agricoles et aux associations de combattants, avec son aide technique et financière. Pour appliquer de pareilles décisions, il eût fallu des vérifications sérieuses, une sélection et du temps. Or on voulait des mesures immédiates, et tout le monde voulait en profiter. Éclata donc le décret Visocchi, du 22 septembre 1919, qui établissait chaque préfet arbitre suprême des assignations de terres et les décidant de sa propre autorité, sans appel. On sait comment ces préfets eux-mêmes furent vite submergés par les envahissements populaires : car les communistes avaient déclaré le décret Visocchi insuffisant. Eux et leurs troupes avaient donc protesté plus violemment encore contre les amendements qu'apportait le décret

Micheli. Les terres « déclarées » non cultivées devaient être reconnues telles par des autorités agricoles compétentes, et la suite à y donner réclamait des formalités nombreuses. En attendant, ce n'était pas avec leurs deux bras, sans outillage, sans bétail, sans approvisionnement, sans réserves, qu'ils allaient pouvoir vivre. Mais à cette action de la force des choses s'ajouta l'action d'une autre force d'une qualité plus mélangée mise en mouvement par l'intervention des fascistes.

Les *fascisti del combattimento* furent tout d'abord d'anciens soldats, soit de l'armée régulière, soit des bandes enrégimentées par le romancier d'Annunzio, et qui, grossis de gens désireux de défendre eux-mêmes leurs propres biens en défendant l'ordre public, arrêtèrent net le flot communiste. De ce dernier côté se formèrent sans doute des groupes également prêts à se battre, les *arditi del popolo*. Mais les fascistes furent généralement les mieux organisés et ceux dont l'action semblait bien la plus efficace. Aussi d'un bout de l'Italie à l'autre les patriotes qui tenaient à se voir délivrés de la menace bolcheviste accueillèrent-ils les fascistes comme des sauveurs. Quand il y avait des tués et des blessés, le gouvernement faisait semblant d'intervenir, mais sa complaisance envers les fascistes n'était pas douteuse et pendant quelque temps, même dans les rangs les plus élevés, on l'approuva.

Par malheur il n'est jamais bon qu'un gouvernement s'en remette à une puissance plus ou moins occulte. Celle qui venait, croyait-il, à son secours avait deux caractères dont le côté fâcheux n'allait point tarder à se développer : l'abritraire et la violence. Hier on avait ces deux forces pour soi, du moins on s'en flattait : demain on risquait de les avoir contre soi. Les fascistes dirent bien qu'ils ne faisaient que se défendre, mais ceci ne fut pas longtemps exact. A la moindre occasion ils montaient une expédition dite punitive, s'érigeant en tribunaux armés, pillant, chassant, blessant ou même tuant, qui cela? Ceux qui, prétendaient-ils, leur avaient été désignés comme des ennemis, ce qui voulait dire comme des ennemis... de leur propre cause. Leur autorité, leur prestige, leur force d'action devinrent ainsi pour eux non plus des moyens de défense mis au service du bien public, mais des fins en soi, pour lesquelles ils acceptaient les concours les plus suspects. Pour se faire bien venir, ils annonçaient qu'ils allaient mettre fin aux abus de la vie chère. Ils arrivaient alors devant les fournisseurs, leur enjoignaient de baisser leurs prix de 25 ou de 30 o/o. S'y refusait-on, ils cassaient tout dans la boutique. Seulement les boutiques se fermaient, les arrivages étaient suspendus, la capitale et les autres grandes villes risquaient d'être affamées; alors il fallait bien capituler.

Sans doute, il y avait là de quoi décourager les bonnes volontés imprudentes et leur faire voir qu'elles dépassaient singulièrement le but. Mais le goût des manifestations ou tumultueuses ou théâtrales ne se perd pas facilement en Italie. S'aperçoit-on qu'elles nuisent trop à des compatriotes : on a toujours la France, au dépens de laquelle on rêve constamment de se satisfaire, les derniers troubles l'ont bien montré. Aux Italiens de voir quels avantages ils se promettent d'en retirer. Dans le cours de l'été les fascistes avaient mobilisé 1500 hommes dans une expédition dirigée contre la ville de Trévise (1). Ce fut, semble-t-il, leur dernier exploit. Au début de l'hiver, c'était 15.000 manifestants, tout jeunes, qui défilaient dans Rome avec des chemises de toutes couleurs agrémentées de têtes de morts: sous peine d'être bâtonnés et de risquer même pis, il fallait se découvrir sur le passage. A quoi rimait ce mélange de gaminerie, de mascarade et d'insurrection? Personne ne l'a su bien au juste. Une fause nouvelle de plus... et on le saura peut-être demain.

On dira : de pareils troubles n'épargnent aucune des nations si ébranlées par les terribles événements de la dernière guerre. Rien de plus vrai : il ne l'est pas moins que la diminution de la productivité du travail est un mal qui sévit

---

(1) Il en sera dit quelques mots dans l'article suivant.

partout. Qu'est-ce donc qui est plus particulièrement à noter dans le pays qui nous occupe? Nous laissons ici la parole à l'un des siens :

Depuis plus d'une année (ceci était écrit le 15 octobre 1920), le monde assiste à ce lamentable spectacle donné par l'Italie, d'une nation qui, à l'un des moments les plus graves de son histoire, n'a aucune direction sérieuse et sûre, aucune autorité supérieure capable de la remettre dans la voie d'une possibilité de vie sociale, d'une nation dans laquelle toute violence et toute folie sont permises non seulement sans intervention, mais en la présence et sous les yeux de ceux qui devraient protéger les formes les plus élémentaires de la discipline sans laquelle aucune vie civile ne peut exister.

Ce jugement de la *Vita italiana* à la fin de 1921, on pouvait le recueillir encore tout récemment dans tous les rangs du peuple italien.

D'où vient donc que ceux qui voyaient le mal si clairement ne réussissaient point à le guérir? Beaucoup répondaient : « Nous n'avions pas l'homme nécessaire. » Beaucoup auraient pu répondre : « Nous acceptons trop aisément l'état des choses, nous en venons à le considérer comme aussi normal et aussi définitif que la nécessité de payer 12 lire ce qu'on avait pour 3. » Dès la fin de 1920 il était constaté d'ailleurs que la paye moyenne des agents des chemins de fer avait monté de 2.000 à 11.000, donc avait sextuplé, créant ainsi dans le service un déficit d'environ un demi-milliard. Pour les autres travailleurs tout était de même. On a vu plus haut leurs énormes prétentions. Aussi extérieurement est-on toujours assez bien accueilli, quoique moins bien servi ; mais le nombre des étrangers diminuait et le chômage urbain ne diminuait pas beaucoup. Un seul des produits de l'État paraissait être en augmentation croissante : c'est la loterie. Le gros désir des fonctionnaires et bureaucrates est donc de se voir traiter comme prolétaires. Quant à ceux qui souffrent le plus de l'accroissement de leurs dépenses et de la baisse de leurs revenus, on les décrit partout comme désemparés, comme désertant les scrutins, comme réduits à laisser passer, à titre de curiosité, les longs défilés d'une adolescence et d'une jeunesse toute prête à jouer à la révolution et au crime.

Évidemment, un pays comme l'Italie ne peut longtemps s'en tenir là. Qu'entrevoit-elle de sérieux et que semble-t-elle devoir faire d'efficace pour en sortir? C'est ce que nous allons examiner.

CHAPITRE V

II

En répondant à quelques-unes de mes questions sur la crise italienne, l'honorable député piémontais dont j'ai parlé n'avait pas manqué de me faire cette judicieuse observation : « Vous ne devrez pas oublier, me disait-il, que des différences très grandes existent entre les diverses régions de l'Italie dans les systèmes de propriété et d'exploitation agricole. Les récentes interventions de l'État se sont montrées tout à fait incapables de modifier radicalement ces différences qui tiennent profondément à des complications de climat, de nature de terrains, de viabilité, de disponibilité de capitaux, d'organisation de la vente des produits, etc... »

Ce sont là, en effet, des précautions qui s'imposent et que nous allons nous garder d'oublier. Voyons donc ce que l'apaisement relatif des derniers troubles permet d'espérer pour les principales provinces du royaume.

Le Piémont est le pays par excellence de la petite propriété, et c'est une région plus conservatrice, plus individualiste aussi que beaucoup d'autres. Elle ne fait guère de bruit, elle ne multiplie ni les congrès ni les groupements. Aux élections dernières, elle a été nettement hostile au socialisme : elle l'a même été dans sa capitale, où, malgré l'affluence de ses ouvriers d'usines, sa liste préférée a obtenu une majorité de 200 voix. Mon correspondant affirme que la petite propriété y est « très saine, qu'elle n'a besoin d'aucune spéciale protection de la part de l'État, qu'elle a seulement à se défendre contre la protection douanière et contre des privilèges que le pouvoir central accorde trop souvent aux intérêts de tels ou tels groupes politiques ».

Le même témoin ajoute que, dans toute une partie du Piémont, cette petite propriété « s'associe heureusement au métayage dans les domaines d'une certaine étendue, à culture mélangée de céréales. En maint endroit, on assiste à ce phénomène, que beaucoup de métayers deviennent peu à peu propriétaires de terrains qu'ils travaillaient, de père en fils, depuis un grand nombre d'années. La grande valeur que la terre a acquise depuis la guerre a facilité cette « trans« formation », en tentant les gros propriétaires désireux de réaliser ».

Mon correspondant me dit enfin : « Vous ferez bien de regarder de plus près à cette région du Val d'Aoste d'où vous m'écrivez » : « Je ne la connais pas aussi bien. » Je n'avais garde d'oublier le conseil. La pittoresque et délicieuse vallée d'Aoste rappelle beaucoup notre Savoie, avec un peu plus de douceur et d'élégance italienne. Elle a tenu obstinément à garder l'usage de la langue française et ce n'est point là la seule preuve qu'elle nous donne de ces sympathies. Je m'adresse donc en toute confiance à un évêque qui a fait ses premières classes chez les Frères français des Écoles chrétiennes et qui, par ses observations personnelles, a acquis du pays une connaissance très étendue. Il me dit qu'autour de lui, dans son diocèse, il ne se voit que de petites propriétés, sans métayage et sans aucune de ces combinaisons qui s'essaient, par exemple, en Lombardie. L'aristocratie y a beaucoup diminué en nombre, et encore plus en influence ; la bourgeoisie ne s'y étend guère. Le paysan demeure dans son chez soi : sa force de réaction contre les utopies anarchistes lui suffit ; il ne réclame rien de l'État ni des fascistes. La guerre l'a évidemment enrichi : elle a surtout enrichi ceux qui étaient déjà quelque peu nantis de réserves et munis d'une main-d'œuvre familiale ; car les ouvriers proprement dits sont très rares et il faudrait les payer très cher. On estime qu'une vache rapporte à l'heure actuelle 1000 lires par an : le reste est à l'avenant. Aussi ces petits propriétaires, quand des veuves chargées d'enfants encore jeunes ou de parents impotents ne les condamnent pas à un trop dur labeur, ont-ils vu leur situation s'améliorer sérieusement. Tout en restant dans la même condition sociale, ils achètent de la terre et du bétail. Ils en ont acheté d'autant mieux que quelques détenteurs de gros domaines qui se maintenaient encore ont vendu en détail les terres voisines de leurs châteaux : d'un côté, ils étaient effrayés par les troubles dont ils redoutaient la contagion ; d'un autre, ils étaient alléchés par les hauts prix. Ainsi le parlementaire (un industriel) et l'évêque sont d'accord pour faire confiance au petit propriétaire piémontais, fort capable de se défendre lui-même et qui, suivant le mot d'un publiciste, au cours de l'été dernier (été sec, on s'en souvient), ne demandait que trois choses : de l'eau, de l'engrais et la paix.

Ne faudrait-il pas cependant un peu plus d'instruction technique? Évidemment ce serait souhaitable : mais il paraît que les chaires ambulantes d'agriculture n'ont pas encore conquis en Italie tout le crédit qu'elles méritent. L'évêque d'Aoste me dit que le peuple voit toujours là de la bureaucratie plus que de la science et qu'à l'égard de la science d'ailleurs. il est dans cet état d'esprit qui a prédominé si longtemps en France : il croit que quiconque

« parle comme comme un livre » est étranger à
toute connaissance pratique. Il faut dire de plus
que pendant la guerre ceux qui parlent si bien
ont rempli un rôle qui ne les a pas rendus très
populaires : ils ont eu la charge d'aller découvrir partout les réserves de ravitaillement et de
les mettre d'office à la disposition de l'Inten-
dance. Quant aux nouveaux riches, aux arrivistes, aux gens qui ont su tirer parti d'occasions
et de combinaisons imprévues, le pays nourrit
à leur égard plus de défiance que de confiance.
Tel est l'esprit de cette charmante vallée très
traditionnaliste, très attachée à ses habitudes de
travail et de vie. C'est comme un prolongement
de la Savoie non encore gâtée par les trop grands
hôtels et par les sports.

Ayant quelque peine à la quitter trop vite, je
m'étais souvenu d'un conseil que m'avait donné
l'évêque : « Ne manquez pas d'aller voir à Châ-
tillon-sur-Doire un groupe de capucins français
très répandus et qui font la pluie et le beau
temps dans toute la vallée. » En effet, sur dix-
sept religieux établis là, quinze sont originaires
de la Savoie, Français par conséquent. Leur
œuvre du pays d'Aoste datait d'avant l'annexion.
En 1876, le personnel français fut expulsé. Au
bout de deux ans, quoique le gouvernement eût
pris la précaution d'envoyer à la place des exilés
un personnel fort distingué, la population n'y
tint plus : elle réclama si fortement qu'il fallut

lui rendre ses anciens religieux, comme il fallut un peu plus tard renoncer à remplacer le français par l'italien dans les écoles publiques et dans l'administration locale. Sur la persistance de ces sentiments, je n'insiste pas. Je me borne à dire que là où je me suis adressé, chez un libéral, à l'évêché et chez les capucins, tout le monde est d'accord pour me donner les mêmes renseignements. On tient à me montrer la maison châtelaine qui vient de vendre en détail toutes ses propriétés et n'a voulu en conserver que son parc. C'est bien l'élévation du prix de la terre qui a déterminé l'ancien seigneur du village. A l'heure actuelle, le mouvement s'arrête, en raison précisément d'une hausse trop continue des prix. Au couvent, on ajoute qu'il y a encore une autre hausse qui agit, celle des exigences fiscales. Il est vrai qu'elles s'attaquent surtout aux « entités » (ente), c'est-à-dire aux associations, congrégations, compagnies. Qu'un propriétaire légalement et authentiquement constitué vienne à mourir, le fisc n'investira le nouveau propriétaire qu'en lui faisant payer 80 o/o de droits.

De notables changements étaient-ils à la veille de se produire quand la guerre a éclaté? Devant l'organisation de nouvelles forces hydrauliques, la maison Ansaldo avait établi ou commencé à établir environ 42 usines. Actuellement, sur 12.000 ouvriers qu'elles semblaient devoir occu-

per, on me dit qu'il n'y en a pas plus de 5oo à
6oo qui travaillent. Déjà on voit arriver de temps
à autre les Anglais qui viennent flairer l'odeur
d'une décomposition prêtant à des combinaisons
exotiques. Quand le mouvement reprendra son
cours, il n'est pas dit que le mélange d'une vie
agricole et d'une vie industrielle nuise au pays
autant que quelques-uns pourraient le redouter.
Une grande fabrique de soie artificielle s'est
récemment ouverte à Châtillon même, elle est
dirigée par un Français. Elle promet déjà d'employer 5oo jeunes filles prises sur place. Pour
ménager les transitions, le zèle des capucins
de la Savoie n'a pas attendu que toutes les constructions fussent achevées. Il a immédiatement
mis en mouvement des œuvres répondant à tous
les besoins moraux, religieux, familiaux et même
alimentaires de ces groupes, dont beaucoup sont
disséminés dans de nombreux hameaux. Tout
ce qui s'est fait ainsi ou s'y prépare est universellement bien accepté. Si on réussissait à ce
qu'il en fût de même pour les ouvriers mascu-
lins, on verrait peut-être se réaliser là l'un des
rêves de Le Play sur l'union ou du moins l'alliance de travaux industriels et de travaux agricoles. Le point noir est que, si les paysans ont
gagné et gagnent encore beaucoup d'argent, ils
en dépensent aussi beaucoup. Établir un équilibre entre ce qui s'achète et ce qui se vend, trouver et faire accepter le juste prix de vente fondé

sur un prix de revient rationnel, de cela personne ne s'avise. On ne voit qu'une chose, demander et essayer d'obtenir le plus possible. Mais il faut bien le dire, où cet état d'esprit ne se retrouve-t-il pas aujourd'hui? Somme toute, le Nord-Ouest de l'Italie contient encore assez de restes d'une ancienne et solide sécurité sociale pour qu'on puisse souhaiter à d'autres régions, même parmi les mieux traitées par la nature, autant de motifs d'espérer un retour sérieux à la paix et à la prospérité.

**

Autant le Nord-Ouest de l'Italie est à l'état sain et pacifique dans la grande majorité de ses campagnes, autant le Nord-Est est rempli de projets, d'essais et aussi de conflits de toute nature.

Exception toutefois semble devoir être faite pour la partie la plus éprouvée par les événements de la dernière guerre où les attaques austro-allemandes avaient complètement détruit 167 églises et en avaient endommagé plus ou moins gravement près de 350, sans compter les 35.000 quintaux de bronze de cloches enlevées pour renforcer l'industrie germanique. La commune épreuve, quand elle provoque tout de suite une réaction bien ordonnée, engendre souvent plus de courage et de courage heureux que ne

le font les plus brillants avantages. La haute
Vénétie n'eut pas à souffrir de chômage ; elle
sut mettre à la disposition de ses édifices à
reconstruire les 200.000 émigrants qu'elle avait
dû rappeler de l'Europe centrale. Il y eut mieux
encore : d'un côté, une organisation des services
aussi peu bureaucratique que possible, un petit
nombre d'administrateurs de bonne volonté
sachant se distribuer les tâches et assurer la
satisfaction des besoins les plus pressants ; d'un
autre, une organisation, déjà d'ailleurs en exercice, de banques populaires groupées autour de
gros établissements financiers, sous l'hégémonie
générale du Trésor public. Les résultats, tels
qu'on les expose avec une complaisance bien
légitime, ont mérité d'être donnés en modèles.
On a dû reconnaître là l'action d'un économiste
qui est à la fois un homme de science et un
homme de pays, M. Luzzati. M. Luzzati a cette
bonne ou cette mauvaise fortune, d'être loué
universellement, du Nord au Midi, mais d'être
non moins universellement écarté du pouvoir,
parce que, dit-on, étant un savant, il ne peut
être ni le ministre d'un moment, à moins que
ce moment soit très court, ni le ministre d'un
parti.

Le reste des provinces septentrionales est,
comme il vient d'être indiqué, trop divers pour
qu'on puisse y voir régner pareille harmonie.
De deux de ses principales villes, Bergame et

Brescia, la première, qui était devenue comme une capitale renommée d'œuvres catholiques, est bien affaiblie par la scission et par les condamnations ou les blâmes qu'un des deux groupements s'est attirés du Vatican.

Brescia, toujours actif et toujours soutenu par la prudente vigilance de M. Longinotti, semble attendre en ce moment les résultats d'essais nouveaux dont il sera parlé tout à l'heure et sur lesquels l'état-major de la maison Saint-Paul, son chef-lieu si connu, n'est pas précisément bien fixé.

Plus on descend du côté du Bas-Pô, plus on pénètre dans ce royaume rouge où les ardeurs politiques l'emportent sur toute autre considération et se mêlent aux problèmes économiques pour y essayer des combinaisons surprenantes.

Une revue importante, la *Riforma sociale*, venait de dresser, en son numéro de juin 1920, une liste d'associations et de coopératives agricoles, au sujet de laquelle elle faisait l'observation suivante :

« On remarquera que nous n'avons donné aucune mention ni pour le Piémont et la Ligurie, ni pour les Marches et l'Émilie. C'est que dans les deux premières de ces provinces la petite propriété se défend elle-même, et que dans les deux autres c'est la révolte et l'envahissement violent qui disposent du pouvoir. » On pouvait espérer un retour à une modération relative:

car, au sujet d'une province voisine, la région
de Ferrare, la plupart des journaux italiens insé-
raient, à la fin de mars 1921, une dépêche où il
était dit : « Les ligues des paysans bolchevistes
de la province de Ferrare, formant un total de
10.000 associés, ont passé en bloc aux fascistes,
à la suite du retour de Russie d'un groupe de
paysans italiens qui ont informé leurs compagnons qu'en Russie les bolchevistes refusaient la
terre aux paysans, et que tous les paysans russes
étaient dès lors devenus anti-bolchevistes. » Cette
dépêche ne serait-elle pas l'une de celles où l'on
nous dit que fleurit l'art d'annoncer comme déjà
fait ce que le nouvelliste désire voir se faire ?
Rien de plus vraisemblable. La première partie,
affirmant que dans le Ferrarais le bolcheviste
avait un instant recruté 10.000 adhérents, est
malheureusement la moins sujette à contesta-
tion. Que beaucoup aient passé au fascisme, c'est
encore possible, surtout depuis que le fascisme
fait des recrues un peu partout. Reste à savoir
ce que la paix publique y gagnerait de sérieux
et de durable. A quelques jours de distance, en
cette même année 1921, le conseil des *Travailleurs de la terre* qui, nous l'avons vu, comptait
284.881 adhérents de l'Émilie, sur un total de
850.000, formulait une série de blâmes contre
tout ce qui pouvait favoriser ou le métayage ou
le fermage ou la petite propriété. Il s'en prenait
non moins violemment aux atténuations par les-

quelles les décrets Falcioni et Micheli avaient restreint le pouvoir exorbitant que le fameux décret Visocchi avait donné aux préfets. En soumettant désormais ceux-ci à des justifications et en réservant contre leurs décisions un droit d'appel, on avait, disaient les protestataires, vidé le décret Visocchi de tout ce qu'il avait de bon.

De cette tourbe d'audacieux, de parasites et de coureurs de chimères, leurrés par des promesses laissées à dessein très obscures, il faut toujours distinguer les groupes de ruraux déjà établis et aspirant seulement à obtenir de meilleures conditions de travail et de vie. Faire le triage des griefs et des vœux est toujours chose difficile. Un des journaux les plus consultés de l'Italie, en son numéro du 12 juillet dernier, faisait ressortir tout ce que créait d'embarrassant ce qu'il appelait « la position toute négative des socialistes, la rigidité intransigeante des droites et la désorganisation des gauches ». Il se demandait comment se tenir entre des manœuvres de corridor « dignes de quelque républiquette américaine ».

De fait, quand un chercheur sincère de quelque bonne réforme rurale se précipite sur le journal où il a vu annoncée, en une énorme manchette, une importante réunion du groupe agraire de la Chambre, il y trouve quoi ? le compte-rendu d'une séance où les partisans choisis des intérêts agricoles ont discuté pour savoir s'ils voteraient avec le parti populaire plus ou moins grossi d'un sous-groupe socialiste ou avec l'un des deux seulement.

Pour en venir à des efforts plus réels, j'écoutais bien volontiers le sous-secrétaire d'État, M. Longinotti, m'expliquant, à Rome, avec sa précision habituelle, la hiérarchie des réformes qu'il souhaitait : 1° faire des braccianti journaliers des *obligati*, c'est-à-dire des travailleurs assurés du lendemain, n'étant plus exposés à chercher au hasard ou à se réclamer résolument du célèbre droit au travail, n'importe où, n'importe chez qui ; 2° amener ces obligati, n'étant encore que des salariés, à la *comparticipazione* sous l'une ou l'autre des formes qu'elle comporte ; 3° moderniser la *mezzadria* ; 4° aider les métayers à devenir à leur tour des fermiers ; 5° aider enfin les fermiers à devenir propriétaires. Un tel schéma est tout ce qu'il y a de plus spécieux. C'est à peu près ainsi que dans l'industrie un ouvrier doit pouvoir devenir contremaître, un contremaître devenir sous-directeur, et ainsi de suite. C'est également ainsi que je vois personnellement mes orphelins de Tunisie, dont la Société d'Économie sociale m'a donné la charge, être appelés à devenir graduellement conducteurs d'équipes indigènes, gérants de propriétés, gérants avec participation aux bénéfices, métayers et enfin propriétaires. Plus d'un a déjà franchi ces divers degrés. On les y aide, mais par-dessus tout il est bien évident qu'ils doivent surtout s'aider eux-mêmes. En écoutant le très distingué sous-secrétaire d'État, je me disais : A coup sûr, ce programme ne donne point la garantie d'une ascension arrêtée d'avance; les intéressés n'y montent pas à tour de rôle comme on gravit les marches d'un escalier, en ne mettant le pied sur chacune d'elles que le temps nécessaire pour le poser bien vite sur la marche supérieure. Je ne jurerais cependant pas que cette conception simpliste ne fût caressée par la plupart de ceux qui n'ont renoncé qu'à regret à l'envahissement des propriétés. Dans un ministère tout voisin, je m'entendais dire : « Non, le métayage n'est plus très en honneur en Italie, car chacun veut monter. » Soit ! Mais pour qui n'en est pas encore au métayage, ne sera-ce pas monter que d'y parvenir? Cela, mon précédent interlocuteur le voit très bien : il est à espérer que tout le monde en sera un jour convaincu comme lui.

Parmi les moyens de faciliter l'ascension et de la faire mériter par une formation préalable, on recommandait déjà, il y a douze ans. différentes formes de participation : elles ne paraissent pas s'être bien développées; il est évident qu'un trop grand nombre les dédaignent; ils se condamnent ainsi à se priver systématiquement des connaissances, de l'énergie et des habitudes qui permettent de « monter ». Il faut toujours ajouter que beaucoup, précisément, ne veulent pas monter de cette façon : ils aiment mieux compter sur la pression de ceux d'en bas qui font nombre, pour s'assurer sans peine des salaires automatiquement croissants.

Parmi les combinaisons intermédiaires, il faut prêter attention à celles des fermages collectifs, ou « affittanze collettive ». J'en ai parlé avec détails dans le compte-rendu d'enquêtes antérieures. A chacun des groupes familiaux qui vont exploiter, chacun à leur gré, la partie du sol qui leur a été concédée, on demande la garantie d'un tout petit capital. L'association est du reste libre, et les groupes sont assurés de disposer intégralement du fruit de leur propre travail sous les réserves statutaires, bien entendu. L'essai a-t-il réussi? Il ne s'est pas répété beaucoup : mais là où il a été réalisé, on ne cite guère d'échecs et de dissolutions. Les précautions ont été apparemment bien prises, les conditions soigneusement arrêtées de manière à déterminer une solution grâce à laquelle les associés apportent tout de suite avec eux les qualités dont l'organisation de l'œuvre ne saurait se passer, grâce à laquelle, par conséquent, les autres s'éliminent d'eux-mêmes. De divers côtés, on ajoute qu'une des meilleures conditions de vrai succès est dans l'adjonction d'une industrie complémentaire à l'exploitation proprement agricole. Je m'explique ainsi la persistance de l'excellente réputation des affittanze que j'avais étudiées à Treviglio, où l'on peut admirer la très bonne organisation d'une manganerie. Je l'ai noté enfin, l'entente disciplinée qu'exigent de pareils groupements n'a chance d'être bien acceptée, — ou à peu près bien, — que chez les catholiques ou chez les républicains. Chez ces derniers, c'est la passion politique qui fait le ciment : on est fier d'appartenir à une coalition qui a son drapeau à elle, ses machines à elle, une moissonneuse républicaine qui ne moissonnera que des blés républicains, et ainsi de suite. Une difficulté, qui n'en serait pas une en un pays gouverné, avec une police et une justice mieux soustraites aux passions du jour, c'est que la création d'un fermage collectif exige la division d'une grosse propriété (1), et que dès lors l'œuvre est attaquée par les ennemis de gauche presque autant que par ceux de droite : les premiers étant les adversaires de toute propriété, les seconds considérant que toute atteinte au caractère individuel de la propriété marque un acheminement au socialisme.

Si les communistes se désintéressaient de la question, leurs adversaires habituels, les fascistes, se sentaient en veine d'anticléricalisme, donc d'opposition sévère à l'endroit des œuvres d'inspiration catholique. Dans l'été de 1921, ils sortaient à peine d'une manifestation violente dirigée

(1) Unifiée encore dans sa direction générale et dans son conseil d'administration, divisée dans les parts laissées à la libre exploitation de chaque associé.

à Florence même contre une de ces processions à la fois nationales et religieuses tant prisées d'ordinaire en Italie. La ville de Trévise, la cité blanche, comme on l'appelait, centre d'œuvres catholiques admirablement outillées, offrait aux fascistes une brillante occasion de sortir de leurs cadres habituels et de prouver toute leur force, devenue plus offensive que défensive. Or une des initiatives de la cité blanche avait été l'acquisition d'un gros domaine exploité jusque-là par un fermier avec des bénéfices jugés exorbitants. Après s'être entendu, très légitimement d'ailleurs, avec le propriétaire, on devait établir sur le sol redevenu libre un fermage collectif. Les prétextes sur lesquels les fascistes entrèrent alors en guerre ne sont pas tous bien connus. Toujours est-il qu'une première expédition à main armée sur Trévise échoua. Mais presque aussitôt on en prépara une nouvelle dans la ville de Padoue : on y réunit jusqu'à 1500 hommes armés d'appareils, non de travail et de culture, mais d'attaque et de destruction ; le tout s'appelait une expédition punitive. La colonne entra nuitamment, par surprise ; puis, devant les carabiniers qui les regardaient pacifiquement, elle détruisit les machines du journal conservateur, saccagea ses bureaux, mit à mal un certain nombre de résistants ou de protestataires, fit et laissa derrière elle des dégâts estimés à un demi-million. Devant un pareil scandale, l'autorité supérieure, qui avait laissé les yeux se fermer sur tout un mois de préparatifs ostensibles, sacrifia le préfet et un ou deux autres fonctionnaires. Parmi les plus violents agresseurs on arrêta une cinquantaine de fascistes tous étrangers au pays de Trévise, et venant, disaient les journaux, de différentes régions de l'Italie. Ce dernier fait mérite qu'on s'y arrête.

Il ne saurait être ici question de dissentiments locaux ou régionaux. On ne voit plus, comme jadis, Florence se battre contre Pise ou Sienne contre Florence. Ceci n'existe plus; et il eût été bien invraisemblable que la ville de Padoue, si plate et si morne en dehors de son quartier universitaire, eût pu se signaler par des velléités si belliqueuses. Ce sont maintenant des partis, aux adhérents disséminés, qui entrent en jeu. Autre trait à relever, ils y entrent avec une confusion souvent bien bizarre. Ces fascistes, organisés tout d'abord comme anti-collectivistes, entrent cette fois en lutte contre des gens qui s'évertuent à augmenter le nombre des cultivateurs sédentaires, travaillant, en somme, pour leur propre compte, donc trouvant, dans leur libre participation à une forme spéciale de fermage, au moins un commencement d'émancipation. Le type ainsi organisé sera plus ou moins fécond. les difficultés qui l'attendent seront plus ou moins bien surmontées : mais enfin il est à la fois libre et légal, et voici plus de dix ans qu'il dure, qu'il

a même trouvé ici et là des imitateurs. La presse
amie des œuvres de Trévise et amie de toutes les
coopérations populaires accuse nettement les fascistes d'avoir reçu des subsides des deux gros
fermiers évincés et, qui plus est, des riches propriétaires de l'Agraria, ennemis déterminés de
toute innovation démocratique. Cette dernière
accusation, elle était répétée devant moi, avec
énergie, par le personnel très distingué de la
Fédération des coopératives de la place d'Espagne, à Rome, fédération qui ne compte pas moins
de 7.000 coopératives. Il est bien clair qu'un
étranger ne saurait soutenir ici ni les griefs des
uns, ni ceux des autres. Au premier jour d'ailleurs les adversaires se réconcilieront, surtout si
leur humeur batailleuse s'exerce sur un même
rival. La ville de Florence a deux rues contiguës,
s'appelant l'une la rue Guelfe, l'autre la rue
Gibeline. On peut s'attendre à voir de même une
rue des Fascistes voisinant avec une rue des
Arditi del popolo. Ce que nul ne peut se défendre de regretter, c'est que des discussions si renou-
velées ne laissent pas plus de liberté aux vrais
amis de la rénovation économique et sociale du
royaume.

*
* *

Le retour aux bonnes vieilles méthodes de travail libre et d'entente mutuelle ne pouvait qu'être

également gêné par les nombreuses formalités qui, en Italie comme en France, ont retardé le retour au droit commun. En Italie, par exemple, la revision des pactes agraires a donné lieu à presque autant de contestations que chez nous la revision des conventions locatives. Là aussi se dressait et s'épaississait comme une forêt de textes sur la compétence respective des divers conseils, sur les limites des attributions à fixer, ou par loi ou par décret, le tout sans compter les polémiques engagées sur les torts faits tantôt à l'une, tantôt à l'autre des parties se disputant soit une propriété, soit un fermage. Ces contestations, nées de l'état de guerre, devaient évidemment prendre fin. Plus tenaces sont les discussions relatives à l'établissement d'un régime nouveau, à un droit d'expropriation pour cause d'utilité sociale (formule qui, par cela même qu'elle prétend compléter l'ancienne, semble bien ouvrir la porte à l'arbitraire), puis au prétendu droit de supprimer les gros fermages, etc. Au-dessus de ces concessions partielles et les enveloppant, se laisse très bien voir le désir de désarmer, si possible, le communisme total par la diffusion de systèmes coopératifs où une part serait faite à une communauté restreinte. Il y a là, on ne peut le nier, une de ces tentatives de rapprochement et d'alliance que les démocrates chrétiens et une fraction des socialistes ébauchent de temps à autre sous les auspices du parti populaire. Pour les révolutionnaires, c'est trop peu ; pour le gros du public et pour les familles habituées au travail libre de la terre, c'est trop. Malgré les commotions artificielles de 1919 et 1920, malgré les convoitises qu'elles ont mises en mouvement, le vieux fond individualiste demeure. Un des caractères les plus ineffaçables du paysan italien, c'est la défiance : *è molto diffidente, dubita sempre*, me dit à Crémone cet ancien socialiste dont la conversion est allée jusqu'à la prêtrise, l'abbé Camelli. C'est là un trait qui a frappé nos compatriotes au cours de la guerre, quand ils furent appelés en Italie après Caporetto. Je recueillais à ce sujet l'opinion d'un de nos sous-officiers d'artillerie qui était resté six mois à Brescia. Il y côtoyait à chaque instant des régiments italiens. Or rien ne l'étonna davantage que le contraste des Français toujours prêts, entre eux, aux échanges de confidences comme aux échanges de services, et des soldats italiens, se tenant presque toujours à l'écart les uns des autres. Le besoin auquel cèdent les éléments populaires du bruit en commun et de partir tout d'un coup pour une manifestation tumultueuse ne doit pas faire illusion. Ce même abbé Camelli, dans son livre intitulé *Du socialisme au sacerdoce*, nous fait toucher du doigt ce mélange d'égoïsme défiant et de mêlées superficielles. Il nous peint « les vieux compagnons d'une foi sûre, se fatiguant à la longue, ayant vu d'abord avec plaisir en venir à eux de plus jeunes, mais ayant vu aussi se glisser bien vite les ambitions effrénées, les luttes, les accusations contre les vétérans, la poussée des pires éléments, la préoccupation du favoritisme, sous le prétexte d'une fidélité rigide au parti, puis la manie des fêtes où se multiplie la race des discoureurs d'occasion. »

L'auteur complétait son tableau en nous montrant comment, chez les femmes d'avant-garde, « la pente de la nature humaine conduisait les ouvrières à la négligence sans scrupules, à l'envie, à la discorde, persuadant chacune d'elles que la coopérative était toute à son avantage personnel, jamais à l'avantage commun, de telle sorte qu'elles étaient hors d'état de s'élever au-dessus de l'égoïsme présent et de ne voir leur propre intérêt qu'à travers l'intérêt de tous ». Sans doute, aux heures où le flot communiste paraissait le plus menaçant, on se flatta de l'apaiser en lui offrant de se laisser canaliser dans de petites dérivations d'apparence socialiste. On ne parla que de coopératives, de fermages collectifs, d'universités agraires, de biens à faire cultiver en commun par les anciens combattants, par les chômeurs, etc. Savait-on bien ce que ces différentes expressions signifiaient? Pas partout et pas toujours. Les universités agraires, mélanges confus de biens communaux, de donations partielles et d'usages mal délimités, subsistent encore comme ces institutions archaïques toujours critiquées, mais maintenues parce que leur suppression soulèverait d'autres critiques. Elles sont restées d'ailleurs bien localisées. La preuve en est que, lorsqu'en dehors de la région de Viterbe, où je les avais décrites, j'essayais d'en parler, on ne savait pas de quoi il s'agissait exactement : on croyait que je ne pensais qu'à des universités enseignantes. Des fermages collectifs, je n'ai plus rien à dire, si ce n'est que, fondés par le libre concours de familles choisies, ils méritent à ce double titre d'être considérés comme des exceptions très honorables, très dignes d'être respectées, mais enfin comme des exceptions.

Il est remarquable qu'un des meilleurs exemples du retour au progrès agricole dû au travail, à l'économie, à l'acquisition régulière de la propriété terrienne, nous vienne d'un pays aussi agité que la région de Ravenne, cette partie si riche de la Romagne. Dans ces terres, les plus fertiles de l'Italie, la grande propriété avait rendu bien des services entre les mains de familles telles que, par exemple, celle des Pasolini. Par le fait même de l'activité de ses collaborateurs, elle s'est cependant laissé fractionner en petites et en moyennes propriétés, mais cela sans révolution et sans à-coups. En 1917, dans les quatre communes du Ravennate proprement dit, on comptait 1132 propriétaires cultivant leurs terres, — dont un quart seulement avait plus de 25 hectares, — 1472 fermiers et 3161 métayers. De 1915 à 1919, dans les dix-huit communes de la province, les demandes d'achat avaient crû de 117 o/o. Cette progression ne devait rien ni à des lois, ni à des décrets, ni à des remaniements des conventions, ni à la violence ; elle était uniquement due à l'augmentation de la production et à l'intense désir d'épargner pour arriver à la propriété. Tel est le témoignage que rend à ses compatriotes le professeur ambulant d'agriculture de Ravenne, M. Adolfo Belluci, auteur d'une récente brochure, aussi remarquable par la netteté de ses idées et la savoureuse franchise de son langage que par la sobriété précise de sa documentation. C'est sur bonnes assurances qu'il nous dit, et cela d'ailleurs sans nous étonner : « Sauf de rares exceptions, les personnes morales, les œuvres pies, les communes ont toujours été plus mal conduites et moins productives que les cultures dues à l'initiative privée : celle-ci ont opéré de vraies merveilles. Quand c'est l'État qui s'en mêle, les résultats sont au-dessous de tout. »

La propriété coopérative est-elle ici absente? Non, mais tous les essais, soit de travaux faits sur un sol commun, sans une direction très unifiée, soit d'un partage égal des produits entre tous les cultivateurs chargés d'une même tâche, ont été successivement abandonnés. D'où viennent donc les conflits, les luttes, le désordre?

Toujours de la même origine, telle que je l'expliquais il y a douze ans, de l'opposition non encore résolue entre les intérêts des propriétaires, fermiers et métayers, c'est-à-dire de ceux qui cultivent un sol déterminé pour en retirer des produits bien à eux, et des ouvriers non possédants. Ceux-ci, les braccianti, ont augmenté d'environ 2000 dans la seule commune de Ravenne. Leurs prétentions croissent avec leur nombre et avec la difficulté que, dans les achats de terres, leur crée la concurrence des purs terriens, plus stables et plus économes. Ceux qui n'émigrent pas réclament donc toujours de plus hauts salaires, pour compenser, disent-ils, les pertes que leur occasionnent les chômages. Or ces chômages mêmes sont toujours signalés comme accrus précisément par les prétentions des journaliers ; car celles-ci induisent les familles attachées à leur terre à compter de plus en plus sur leur travail personnel : elles s'affranchissent ainsi d'exigences qui leur enlèveraient une trop grande part de leurs bénéfices. Il faut en dire autant pour les auxiliaires de la culture, comme les agents des transports locaux. Entre ces derniers et les producteurs agricoles, le conflit n'est pas moins menaçant. Tels sont les deux périls qui menacent périodiquement la paix, et sous ce rapport comme sous les autres la situation n'a point changé. Plus ceux qui réussissent à acquérir de la terre sont satisfaits, plus ceux qui n'y réussissent pas sont jaloux et exigeants.

Beaucoup ont feint de croire un instant que la coopération allait remédier à tout, qu'elle unirait tout le monde en une même tâche également avantageuse pour tous. On vient de voir que dans le Ravennate l'illusion était tombée. Elle est tombée encore ailleurs. Certes les diverses coopératives de production, de travail, de consommation subsistent; elles peuvent même se développer comme elles se développent en France : mais si l'on met à part certaines grandes exploitations, doublées d'une entreprise industrielle et réclamant la collaboration incessante des nombreux travailleurs, les coopératives agricoles laissent à chacun la liberté de mesurer ses efforts et de les ajuster aux exigences d'un lot déterminé. C'est là un point sur lequel on a bien insisté près de moi, de toutes parts. Faut-il ajouter que la tendance à s'élever d'une participation restreinte au métayage, du métayage au fermage et à la petite propriété ne sont que des manifestations tout aussi éloquentes les unes que les autres de l'amour obstiné de l'indépendance terrienne?

On ne me parle pas autrement dans la province de Bologne. Il est vrai que là je ne suis guère entré en conversation avec les communistes, dont le programme, qui n'est pas long, m'était d'avance bien connu. Mais je m'entretiens plus volontiers avec le personnel de la Fédération des coopératives; là on me donne sur la vie rurale de la région des notions précises et rassurantes. J'avais demandé dans quel ordre d'importance décroissante s'échelonnaient, à l'heure actuelle, les différents types de vie agricole sur lesquels il y a lieu de faire fond pour la reconstruction de la vie nationale. Voici le tableau qui me fut dressé.

En premier lieu la mezzadria ou le métayage, mais avec tendance à la transformation en petits fermages ; 2° les petites fermes; 3° les petites propriétés; 4° les fermages collectifs (particulièrement dans les terres dites bonifiées, c'est-à-dire dans les terrains qui viennent d'être ou défrichés ou assainis par les soins ou de l'État ou d'une compagnie ou d'un riche particulier); 5° la boaria, régime rappelant celui que nous appelons en France le basse-courrier.

A tout projet de bonification s'associe généralement l'idée de morceler le latifundium là où il existe; car le latifundium prête surtout à la culture extensive, et le mauvais côté de cette dernière est, en effet, de laisser faire les ressources spontanées du sol et de négliger bien des travaux dont la nécessité ne se fait sentir qu'à la longue. Chose importante, il faut donner satisfaction à l'opinion : or elle enveloppe dans le même discrédit tout ce qui ne se prête pas à la division de cette propriété dont le paysan est de plus en plus avide. Les promoteurs du projet de loi qui va venir en discussion ne sont cependant pas sans faire valoir que tout doit être ici subordonné aux exigences de la technique agricole et aux lois d'une économie rurale bien comprise. Nous n'avons ici à discuter ni l'étendue des crédits proposés (il en est un qui, après avoir été arrêté à 2 millions, a été porté d'un coup à 200 millions), ni les combinaisons destinées à en augmenter le bienfait par des contributions diverses, ni la formation de domaines autorisés à s'agrandir plus ou moins suivant la distance où ils seront d'un centre habité.

Quand il s'agit du Midi et surtout de la Sicile, les conditions diffèrent et se discutent davantage, car là les difficultés sont enchevêtrées. Dans l'Agro romano, l'un des principaux obstacles est la rareté relative des cultivateurs. Ceux qu'on voudrait attirer pour suffire aux exigences de la culture intensive sont trop attirés et retenus par le voisinage de la grande ville. Pourquoi, a-t-on dit, ne pas diriger les chômeurs du Nord et du Nord-Est là où manque la main-d'œuvre? Cela est facile à dire. En réalité, on l'a quelquefois essayé, mais sans succès. C'est un fait, au premier abord, un peu surprenant, mais certain, que les Italiens, qui se prêtent tant à émigrer en Europe, en Afrique, en Amérique, ne sont pas du tout attirés par les offres les appelant du Nord au Midi de leur propre patrie. Peut-être est-ce là un cas particulier de cette défiance qui leur fait préférer une absence même lointaine, mais sérieusement garantie, à un déplacement léger, mais les laissant, pensent-ils, dans la même incertitude du lendemain. C'est bien pour cette raison que la colonisation en Érythrée ou en Libye ne les séduit pas plus que la « colonisation intérieure » en Basilicate ou en Calabre. Leur dernière conquête africaine a été bien loin de les faire renoncer à leur expansion en Tunisie. Ils croient que changer de séjour en Italie n'est pas changer grand chose à leur sort, tandis qu'un plus long voyage s'accompagne pour eux non seulement de l'attrait du nouveau et de quelques illusions, mais de la certitude d'une amélioration ; celle-ci, quels que soient les débuts, ne se fait point attendre longtemps.

En Sicile, la difficulté est tout autre que dans la Campagne romaine : elle tient au contraire à la grande prédominance des purs paysans. Les visées de ceux-ci sont aussi nombreuses que variées. De vastes étendues de territoires étant supposées expropriées, comment y établir de nouveaux colons? Les uns veulent simplement des baux prolongés. de dix-huit à vingt-neuf ans, avec remboursement des frais d'amélioration. Il en est qui sont ennemis de l'emphytéose, il en est d'autres qui la veulent maintenue et améliorée, mais améliorée au bénéfice de qui? Des propriétaires? Des locataires? De l'État? De chacun de ces trois côtés, les projets diffèrent et se combattent. On n'a pas manqué d'émettre le vœu qu'après une période de trente ans, par exemple, le droit du cultivateur se transformât *ipso facto* en un droit de propriété. D'autre part, beaucoup, pris d'une certaine peur de la responsabilité du lendemain, disent qu'il ne suffit pas de mettre des lots à la disposition de nouveaux propriétaires. Ceux-ci auront besoin d'une éducation et d'une tutelle appropriées. Viennent enfin les journalistes qui, se faisant l'écho de leur clientèle, s'élèvent contre ceux qui voudraient limiter les expropriations le plus étroitement possible. Il arriverait alors, dit-on, que les mécontents et les déçus devraient, faute de lots expropriés, se retourner vers les contrats ordinaires, et les propriétaires en seraient induits à augmenter leurs prétentions.

Dans ce conflit, fécond en désordres, on peut constater que l'idée des cultures collectives, avec partage égal des produits, est en recul partout. Aussi les esprits sages et avisés commencent-ils à rappeler que le problème le plus important de beaucoup n'est pas celui de la propriété, mais celui de la culture, et que si on accorde trop d'importance au premier, on complique le second, que l'on risque même de le rendre insoluble. En effet, la propriété sans culture, — sans culture suffisante, cela va de soi, — a vite fait de compromettre la propriété même. Une bonne culture, de son côté, permet d'accroître les fruits de la propriété et de la part qu'en prennent les travailleurs : elle est, de la sorte, un acheminement à l'acquisition de cette propriété si désirée. Est-il exagéré de dire qu'au besoin elle permet de s'en passer, puisqu'il y a des métayers qui se suffisent et des fermiers qui s'enrichissent à côté de propriétaires qui se ruinent ? Toutefois, bien que le bon sens ramène peu à peu les gens dans ce cercle tracé par la nature même des choses et par le respect de la liberté d'autrui, ni les contestations au sujet des vieux pactes, ni le bruit fait autour de combinaisons nouvelles n'ont encore pris fin. Il semble instructif de dire, pour terminer, quelques mots des uns et des autres.

.·.

Le Midi et les îles restant, par malheur, le séjour de l'incertitude et du malaise, pour ne pas dire de la misère, l'attention des hommes compétents du Centre et du Nord se porte sur deux réformes, celle du fermage et celle du métayage. Le premier, on souhaite de le voir allégé du poids des gros fermiers ou fermiers généraux, prenant sous leur direction plusieurs fermes en même temps. On les considère comme étant à la fois des parasites des propriétaires et des parasites des petits fermiers. Peut-être, mais de pareilles institutions ne se sont pas établies par décrets : elles ne s'aboliront pas par décrets, c'est aux intéressés à démontrer que celles-ci leur sont devenues inutiles, que désormais ils se suffisent à eux-mêmes.

Contre les métayages, il y a des griefs de sentiment : inutile d'y revenir. Il y a des griefs de circonstance, et il y en a enfin qui touchent à des questions de justice. Un homme de haute valeur, qui se tient ou qui est tenu, — on ne sait pas au juste, — à l'écart de l'action politique, le marquis Filippo Crispolti, nous donnait sur le second de ces différends un rayon de lumière. Il nous invitait à y voir certaine phase d'une fluctuation périodique où la valeur respective de l'argent et des produits subit un mouvement soit dans un sens, soit dans un autre. « Si, nous explique-t-il, les organisateurs de l'agitation d'aujourd'hui avaient été moins jeunes, ils se fussent rappelé qu'en 1889 la nouvelle concurrence avait donné à l'argent beaucoup plus de valeur et que celle des produits s'était avilie d'autant. Alors les travailleurs et les fermiers trouvaient trop onéreux pour eux de payer le propriétaire en argent : ils demandaient de pouvoir le payer avec leurs produits. Présentement, c'est le contraire. Les produits naturels ont pris une valeur croissante, et la monnaie est de plus en plus dépréciée. Donc il n'est pas nécessaire à nos bons ruraux d'être très forts en économie politique pour vouloir payer en argent.

ce qui veut dire en papier. A ce compte, le métayer se croirait presque élevé à la dignité de fermier, puisque désormais tous les deux paieraient leur propriétaire de la même manière. » L'explication est trop claire et trop naturelle pour ne pas être vraie : ce qui, d'ailleurs, ne veut pas dire qu'elle suffise à résoudre toutes les difficultés.

Indépendamment de ce calcul si simple, qu'on oublie quand on confond une oscillation sans doute passagère avec l'annonce définitive d'un temps nouveau, il est des plaintes qu'il faut savoir écouter, ou parce qu'elles sont justes ou parce qu'elles révèlent un état d'ignorance et d'illusion dont il faut bien prévoir les dangers. L'exemple si bien analysé du pays de Ravenne nous a montré que tous les amateurs de propriétés ne peuvent pas devenir des acquéreurs aussi facilement les uns que les autres. Donc espérer voir la fin d'un échelon aussi ancien que le métayage serait enfantin ; n'y eût-il que cette raison : pour un métayer qui réussit à devenir fermier ou propriétaire, il y a dix travailleurs qui seraient heureux de prendre sa place, au moins en attendant. Mais on n'en a jamais fini avec les grands mots. On n'est donc pas embarrassé en Italie pour proclamer que ce que le métayage exige, c'est une transformation radicale des rapports sociaux, que le métayer ne doit plus être l'homme de peine au service d'un patron, qu'il doit être dans toute la force du mot son associé, et vivant avec lui sur le pied d'une égalité parfaite, le contrôlant et le conseillant au moins autant qu'il est contrôlé et conseillé par lui, jugeant librement sa direction, ses instructions, ses dépenses, jugeant aussi, le cas échéant, son insuffisance et ne manquant pas de la dénoncer à des autorités communes pour qu'elles en tirent toutes les conséquences. A travers ces exagérations énormes, on ne manque pas de comparer la situation actuelle de l'agriculteur à celle de l'ouvrier des villes. On insiste sur les hauts salaires de ce dernier, sur la réduction de ses heures de travail, sur les forces syndicalistes toujours prêtes à le seconder et à le seconder efficacement dans ses prétentions. On passe sous silence les différences profondes des deux ordres d'industrie, et, allant successivement de l'un à l'autre, on prétend que tous les avantages obtenus par celui-ci soient assurés d'office à celui-là. Si, du moins, on avait soin de préciser que ceux auxquels on tient à offrir de meilleures conditions d'existence doivent les mériter comme étant les produits d'une sélection spontanée! Mais on n'écoute que ceux qui repoussent comme un scandale toute idée de reconnaître des droits distincts à des supériorités individuelles.

Malgré tout, en Italie comme ailleurs, les supériorités vont leur train; la majorité du public en prend son parti, quitte à affronter une jacquerie nouvelle au moment où on s'y serait le moins attendu. Si donc il est des remaniements équitables à opérer dans les contrats agricoles et surtout dans les applications qui en sont faites, il vaut la peine d'y regarder, d'autant mieux que, dans le Sur-État qui s'organise, il va être loisible à tout pays de jeter dans le milieu mondial telle ou telle motion mettant le feu aux poudres. Les conventions et contrats font loi entre les parties ; mais toute loi a sa logique à laquelle les parties doivent se conformer. Les excès, les abus, les déviations, les insuffisances relèvent de l'interprétation des tribunaux. Sous ce rapport, l'esprit très ingénieux et très juridique des Italiens, élevés dans le culte du droit romain, ne saurait être pris au dépourvu. Ils ont donc dû voir que plus d'une des stipulations des contrats pouvait appeler une revision en vue de les ajuster à des changements survenus dans les méthodes de culture, dans le machinisme, dans les conditions heureuses ou malheureuses de la vie des plantes ou de la vie du bétail. Ici on peut croire que le comte Guicciardini avait fait brillamment et solidement le nécessaire. Sur deux points seulement les discussions continuent, et c'est à ces deux points que se réduit, en somme, tout ce qu'il y a d'essentiel dans le débat.

Comme on me le dit à Florence en un milieu

où l'on a cependant paru appuyer les revendications les plus hardies, l'agriculture toscane doit
se contenter de deux réformes. La première sera
de tenir compte, à la fin d'un bail, des améliorations foncières dont le métayer aurait eu la
charge et le mérite. Il y a surtout, me dit-on, de
ces tâches de réparation ou de reconstruction,
comme l'ont été celles des vignes phylloxérées,
qui vont au-delà de l'entretien journalier du
domaine. En second lieu, on demande que,
quand un contrat vient à expirer, le métayer
sortant ait, à conditions égales, un droit de
préemption. Jusqu'ici les propriétaires résistent
avec énergie à ce dernie: vœu qui leur paraît
trop limiter leur liberté. Les amis de la réforme
leur opposent que, d'une manière générale, elle
raffermirait les habitudes de stabilité et de con-
tinuité dans les familles laborieuses. Ils ajoutent
que d'ailleurs, si le propriétaire avait des motifs
sérieux pour décliner les propositions à lui faites, il ne serait pas embarrassé pour en faire
reconnaître authentiquement le bien fondé.

Si ces deux réformes sont acceptées, puis appliquées de bonne grâce, elles pourront beaucoup
pour resserrer l'attachement du paysan à la terre.
en général, et à sa terre accoutumée. Les collec-
tivistes seront seuls à le regretter. Seulement les
réformateurs ou réformistes auront ici beau jeu
pour rappeler comment, dans le métayage, la
prospérité commune du propriétaire et du cul-

tivateur a pour première condition la compétence du premier et comment cette compétence
ne se fait bien sentir que par l'efficacité bienfaisante de sa direction personnelle. Peu à peu,
cette direction se voit examinée, critiquée, jugée
par les travailleurs proprement dits qui, de plus,
ont désormais pour eux la puissance du nombre
et de la coalition. Sans doute il sera toujours
bon, surtout à la suite de désordres tels que les
derniers troubles d'Italie, de savoir qu'ils ont à
se garer de deux écueils : le premier qui est de
se croire tout permis, comme tout, disent-ils, est
permis à la collectivité générale de l'État, sans
souci d'une justice préordonnée; le second qui
est de se faire esclaves de chefs de groupe et de
meneurs. Mais, au-dessus de ces deux-là, il en
est un qui est à redouter pour les uns comme
pour les autres, à savoir la préférence donnée à
des rapports froids et mécaniques, bientôt hostiles de parti pris, sur les rapports de confrater-
nité nationale et chrétienne, dont il faudrait au
moins ne pas trop s'éloigner. A cet égard, je
recueillais, dans un institut international d'agriculture, cette affirmation que l'organisation italienne des coopératives agricoles, si remarquable
qu'elle soit, ne rendait pas à l'agriculture autant
de services qu'en rendent les syndicats agricoles
de France. Peut-être la raison en est-elle qu'en
Italie le syndicat est surtout, comme il m'a été
souvent répété, un pur groupement de résistance

et que, d'autre part, la coopération est elle-même trop subdivisée. Les développements croissants que prennent chez nous les organisations agricoles tendent de plus en plus à des fédérations d'œuvres ouvertes à quiconque collabore au progrès de la production. L'esprit de défiance que les Italiens constatent eux-mêmes dans toutes leurs provinces ne céderait-il que quand il s'agit d'attaquer et de détruire ?

*
* *

Le besoin d'une union plus franche et plus active n'en est que plus fortement senti par certains conducteurs d'une partie de l'opinion publique. De là un dernier projet de réforme auquel le chef du Parti populaire, Don Sturzo, a entrepris d'attacher son nom, après avoir revu et corrigé les tentatives de l'extrémiste Miglioli. De cette sorte de collaboration sortit donc, en septembre 1921, ce plan de réforme qu'immédiatement d'énormes manchettes de journaux signalèrent comme une grande et courageuse expérience. Il s'agissait de fondre en une seule conception des idées bien divergentes, de donner quelques satisfactions aux socialistes, de plus grandes aux réformistes, de meilleures encore au Parti populaire de la Chambre en conciliant tous les intérêts, ceux du capital et ceux du travail, ceux de la propriété, ceux de la direction centralisée et ceux du contrôle disséminé, ceux enfin de la participation des travailleurs aux chances et aux gains de l'entreprise et ceux du salariat. De ce dernier on annonçait solennellement « l'abolition »; mais on lui réservait une part dans la combinaison des moyens d'existence du travailleur. Une première fois, en juin 1920, il fut convenu, dans la région si agitée du Parmesan, qu'un projet d'organisation du travail serait mis à l'étude. L'étude resta lettre morte. Aussi le chef des extrémistes laissa-t-il ses troupes aller de l'avant et déclarer le patronat déchu à tout jamais. Seulement les difficultés se firent vite sentir, là comme ailleurs. Les patrons ainsi congédiés cessèrent, bien entendu, de payer les ouvriers; et le bétail ayant été vendu pour faire de l'argent, on se trouva bientôt devant le vide.

Les chefs extrémistes inventèrent alors que le propriétaire ne serait plus propriétaire ou patron, il ne serait plus que le directeur. Près de lui, on plaçait deux paysans qui, sans rien de spécifié dans leurs attributions, deviendraient à peu près maîtres d'imposer leurs volontés. Les anciens patrons ne se décidèrent pas encore à rompre ici les pourparlers. Ils déclarèrent accepter l'idée d'une association, ils consentirent même à augmenter les salaires, pourvu que les associés participassent aux pertes comme aux gains et que les associés à grouper en une même entreprise fussent choisis de manière à donner de sérieux gages de leur esprit laborieux et pacifique. A ces exigences si sensées en répondirent deux qui ne l'étaient guère. Les « directeurs » devaient s'engager à ne renvoyer aucun des travailleurs présents (présents depuis quand et à quel titre?), puis s'engager à accepter toute augmentation de salaire équivalente à celle que s'attribueraient chez eux les groupes nettement et complètement socialistes. C'était rendre ces derniers maîtres absolus de la situation, partout. On avait prononcé le mot flatteur d'association. Dans un milieu restreint, comme la petite région de Soresina, dont la population très chrétienne, et de mœurs très douces, rappelle celle de Treviglio, le désir d'un accommodement fit qu'on ne vit pas le piège tout de suite ; mais bientôt les deux parties ne purent faire autrement que de se séparer, les anciens propriétaires sans revenus, les paysans sans salaires, bref, les uns et les autres subissant des pertes dont les belles promesses de l'avenir ne pouvaient consoler personne.

On chercha donc une combinaison à présenter comme acceptable. On pensa l'avoir trouvée en imaginant pour la petite région de Soresina un type de contrat qui devait ensuite être offert comme modèle à l'Italie et au monde. Un Français qui l'étudie ne peut s'empêcher de penser aux vers d'Alfred de Musset sur un paysage, — très compliqué, — où l'on voit qu'un monsieur très sage — s'est appliqué. Ce projet mérite l'attention comme témoignage d'un état d'esprit très mélangé et très répandu.

Les mots qui s'y succèdent sont déjà pour mettre en garde contre des oppositions difficiles à résoudre. Il y est parlé tour à tour de l'abolition, puis de la transformation du salariat. L'abolition est mise en avant comme la condition d'une réforme fondamentale ; et, quatre lignes plus loin, on expose par quels moyens et à quelles fins on fera la part d'un salaire minimum. On invite les intéressés à conclure un pacte nouveau ; et ce pacte, on le déclare obligatoire. Obligatoire pour ceux qui l'auront signé, rien de plus juste : c'est la loi de toute convention ; mais obligera-t-on désormais tout le monde rural à en signer un tout pareil? En un certain endroit la rédaction officielle du pacte est qualifiée d'arbitrage. Le mot ne convient plus guère, s'il est question, comme on s'en flatte, d'en faire une loi impérative et universelle. Tant qu'il ne s'agissait que d'une expérience faite librement sur un point déterminé du territoire, on n'avait qu'à s'y intéresser avec curiosité, à suivre même avec sympathie le sort de la convention. Devant un plan pour l'adoption duquel on s'exercerait, par voie de privilège pour les uns, de défaveur pour les autres, une action presque coercitive, il y a lieu de bien préciser toutes les réserves à faire. Or voici les principales.

L'ancien propriétaire, devenu le « conduc-teur » ou directeur du fonds à exploiter, est à coup sûr le plus intéressé à sa prospérité : car il est entendu qu'il y a placé une somme impor-tante (*forti capitali*), le quart ou la moitié du capital engagé. Un quart au moins devra être fourni par l'ensemble des cultivateurs ; mais chacun d'eux pourra augmenter son apport, tant que la moitié de la somme globale ne sera pas atteinte. Les sommes placées par le personnel ouvrier rapporteront 8 o/o d'intérêt ; mais elles serviront de garantie pour parer aux pertes éven-tuelles ; car les cultivateurs devront être associés aux pertes comme aux gains. En retour de son travail, le personnel ouvrier recevra un salaire minimum fixe, calculé sur le taux le plus avan-tageux adopté par ailleurs dans la région. En fin d'exercice les gains seront partagés d'après un barème réglé lui-même sur l'importance du domaine et par conséquent sur l'importance de la direction.

Il ne s'agit donc pas seulement d'améliorer le sort du paysan, il s'agit de lui donner les moyens de devenir propriétaire, et cela sur le sol même où il aura été admis comme demi-salarié. Avant que son contrat ne vienne à échéance, il lui sera loisible de faire une offre pour le rachat de tout le train de culture. Si le patron n'offre pas une somme supérieure à la somme offerte par le pay-san, ce dernier aura le droit de tout acquérir, les machines, les bestiaux et autres ressources de la ferme, de manière à s'assurer le bénéfice intégral de l'entreprise : il continuera sans doute à payer au propriétaire le prix du fermage jusqu'au jour où il pourra racheter la terre elle-même. C'est, on le voit, une sorte d'expropriation à terme : elle prévoit d'un côté une participation croissante à la propriété allant jusqu'à la possession complète pour les nouveaux venus, et d'un autre côté un dépossession finale des anciens tombés au rang de simples régisseurs. Est-ce là un bon moyen de confirmer les gens dans l'amour du sol et dans la stabilité des traditions? Car, enfin, les nouveaux propriétaires à leur tour auront toujours devant eux la perspective d'être dépossédés, l'heure venue.

Si ces combinaisons attirent beaucoup d'amateurs en surnombre, ou si ces amateurs ne remplissent pas tous les conditions voulues, il y aura des choix à faire. Qui les fera? On dit : les deux personnels agissant de concert. Cette autorité mixte aura d'ailleurs le droit d'élimination dans une proportion qui ne devra pas dépasser 25 o/o des requérants. Ceux qui croiront devoir protester contre leur élimination pourront porter plainte auprès du collège des prud'hommes (*probi viri*). Ceux qui, quoique non acceptés, voudront continuer quand même à travailler sur le domaine pourront le faire comme simples salariés: pour eux, comme pour l'ensemble du personnel, la durée de l'engagement sera de neuf ans. On compte ainsi avoir partout des travailleurs stables et assurés du lendemain. L'intention est très louable ; mais on ne voit pas bien comment on s'y prendra pour trouver quand même du travail là où il n'y en aurait pas.

Reste maintenant à établir comment seront réglés la vie quotidienne de l'association, l'ordre des travaux, le choix des cultures et le reste. En principe, disent les promoteurs du projet, le directeur aura pleine liberté ; mais près de lui seront deux représentants du personnel, qui exerceront leur contrôle sur la rédaction des inventaires, sur les bilans, sur les budgets, sur la participation aux foires et marchés. Aucune des questions plus ou moins douteuses qui seraient de nature à intéresser l'application du contrat ne saurait leur échapper. En cas de désaccord persistant, la cause sera portée devant un tribunal prud'hommal, composé d'un membre nommé par le comice agricole de Crémone, un membre nommé par la banque du travail et de la coopération de Milan et un troisième désigné par le ministre de l'agriculture. Ces trois délégués jugeront sans appel. Ce droit souverain s'exercera non seulement sur les difficultés qui pourront naître de l'application des règles explicitement visées dans l'arbitrage, mais dans toutes celles généralement quelconques qui pourront surgir (*anche quelle che comunque potessero*

sorgere). C'est-à-dire que, d'après la composition
du tribunal des trois arbitres supérieurs, le dernier mot appartiendra presque toujours au délégué de l'administration publique, — ce qui ne
s'accorde guère avec le flot montant des récri-
minations élevées contre la bureaucratie.

Tout cela n'est encore qu'un projet de convention à faire accepter par les intéressés. S'il se
trouve des hommes suffisamment pourvus de
connaissances techniques, économiques, sociales,
pour diriger un domaine, suffisamment pourvus d'économies pour fournir la moitié du capital engagé et acceptant de se soumettre à tout
un réseau d'exigences imprévues, c'est leur
affaire. A eux et à leur personnel de prouver par
la réalité de leur succès que le succès est possible pour d'autres encore. Chaque province et
même chaque localité jugera si son milieu se
prête ou non à la combinaison vantée. De celle-
là, comme du fermage et du métayage et de
beaucoup d'autres, il en sera ce qu'il en est pour
les divers types de contrats de mariage entre lesquels choisissent les familles, quitte à se conformer aux exigences logiques et aux conséquences
forcées de leur choix une fois fait.

Du moment où c'est un simple projet qui ali-
mente les discussions, les conjectures assurément
sont libres, et il faudrait se garder de décourager les initiatives ; mais si l'espèce de dictature
hors cadre exercée par le généreu secrétaire

général du parti prétendait à plus, on aurait le droit d'émettre le doute que voici. Tout ce que, non pas le raisonnement, mais l'expérience nous apprend, sur les mouvements spontanés des classes rurales, prouve que la tendance des vrais agriculteurs est à la possession d'une propriété personnelle et indépendante, choisie, acquise, agrandie, s'il est possible, et gérée d'après les convenances d'un chacun. A des hommes qui préfèrent le fermage au métayage et la petite propriété, quelle qu'elle soit, au fermage, sera-t-on bien venu à offrir des participations compliquées aux risques comme aux bénéfices, à l'obéissance et à la responsabilité? Nous ne discourons pas ici sur leur intérêt bien entendu : nous invoquons simplement le fait. Or le fait est bien que l'amour de la propriété individuelle a augmenté dans la même proportion que les économies réalisées sur les profits agricoles, et que la défiance caractérisée des individus les uns à l'égard des autres n'a pas diminué. C'est encore un fait que jusqu'ici, pour tirer bon parti des territoires défrichés ou bonifiés, on n'a rien trouvé de mieux que les divisions et subdivisions opérées d'après les méthodes héréditaires. Je dois d'ailleurs ajouter que partout j'ai facilement saisi la réserve un peu sceptique avec laquelle on me disait : « Oui, c'est un projet, c'est un essai qu'on veut tenter... »

*
* *

Cet essai sera-t-il même tenté ? Au moment
où l'on écrit ces lignes, c'est douteux. Mais qu'il
le soit ou non, il est impossible d'y voir autre
chose qu'un plan très artificiel de ce que l'on
appelle une expérience de laboratoire, ou, pis
encore, une tentative, en quelque sorte déses-
pérée, pour concilier une dose d'idées communistes avec une dose d'idées conservatrices. Seulement encore moins qu'au scepticisme on fait
sa part au communisme. Sans doute les Italiens
ne se refusent pas à ces tentatives de combinaison : elles ont même le privilège de les attirer,
comme la combinaison d'une philosophie hege-
lienne avec un catholicisme très riche en pratiques plus superstitieuses que mystiques. Devant
les exigences de la réalité il faut, bon gré mal
gré, voir ce qui est possible et ce qui ne l'est
pas. En résumé, au moment où se dessinait,
avec le plus de netteté et d'efficacité, la tendance
à la constitution de petites propriétés, tout a été
arrêté par une explosion de rêveries insensées et
de violences brutales. De ces rêveries et de ces
violences qu'est-il donc sorti ? Rien, que des
déceptions, une opinion partout mécontente et
partout aigrie, partout faussée, des ruines longues à réparer, des aspirations aussi difficiles à
réprimer qu'à satisfaire. Dans son agriculture

nationale qu'il était relativement aisé d'éclairer, de guider, de libérer d'aides factices et d'encourager par la certitude de l'ordre et de la paix, l'Italie avait en mains l'instrument éprouvé de sa reconstitution. Les problèmes d'à côté, les difficultés connexes n'auraient sans doute pas pris fin. Pour parer aux dangers des crises de chômage, elle avait à reprendre les problèmes de l'émigration et ceux d'une industrie à nantir de moyens scientifiquement jugés nécessaires à toute fin. Ses plus sincères amis peuvent lui souhaiter non pas un plus beau ciel et plus d'attraits de toute sorte, mais un raffermissement de la conscience, si ébranlée d'ailleurs hors de chez elle, une richesse mieux avertie de ses devoirs, une élite intellectuelle mieux écoutée du public, une bourgeoisie comptant davantage et mieux assise en des traditions respectables, un clergé plus instruit et plus sincèrement dévoué aux intérêts éternels de la religion chrétienne. De pareils bienfaits, l'agriculture, plus encore que toute autre branche de la vie nationale, les attend de la liberté d'abord, puis d'une autorité enfin décidée à remplir sa mission avec impartialité, avec méthode et fermeté.

CHAPITRE VI

Dans le monde industriel et ouvrier

Dans l'été de 1922, je m'apprêtais à reprendre le cours de mes enquêtes italiennes en les dirigeant cette fois sur le monde industriel et ouvrier. J'envoyai donc tout d'abord divers questionnaires destinés à m'ouvrir de nouveau les voies. L'un d'eux était adressé au chef d'un groupement français solidement établi dans le Nord de l'Italie et très populaire. Il ne prend, il est vrai, aucune part directe à la vie économique. Il s'y mêle cependant par une heureuse participation aux œuvres intéressant les classes laborieuses. Or, le 10 août dernier, je recevais de mon correspondant la lettre suivante :

« Cher Monsieur, je n'ai pas jugé à propos de répondre aux questions que vous avez bien voulu me poser. Avec les troubles profonds qui secouent en ce moment l'Italie tout entière, il serait téméraire de porter quelque jugement précis, tout au plus pourrais-je faire des conjectures !... Plus tard, l'état des esprits s'étant un peu modifié, il me sera plus facile et plus sûr de juger. Ce qu'il y a de certain, c'est que la crise est profonde et dangereuse... »

Il n'y avait pas là de quoi m'arrêter. Le péril même, pour ne pas dire le péril surtout, veut être étudié. On peut constater alors, et c'est ce qui m'est arrivé, qu'il n'est pas absolument le même dans toutes les parties du royaume. Enfin les péripéties de la vie politique auxquelles on faisait allusion et les péripéties économiques ont les unes sur les autres des répercussions qu'il faut bien chercher à démêler. On est alors à même de distinguer ce qui dans les crises nationales relève soit de causes permanentes, soit de circonstances accidentelles et passagères.

Il n'est question en ce moment dans toute l'Europe que de reconstitution nationale. Il semble que chaque État soit obligé d'agir comme une entreprise qui, se rétablissant après de longs mécomptes, juge prudent de faire un nouvel inventaire de ses moyens d'action et de ses ressources.

**

Tout le monde sait que deux groupes d'industries se développent fort inégalement en Italie. Les unes sont ou naturelles ou depuis longtemps naturalisées. Après l'agriculture, qui est la grande ressource nationale, viennent les industries de tissus, la soie, puis les laines, puis le coton, quelques industries d'art et plus encore l'exploitation de quelques mines dont les principales sont les mines de soufre ; bientôt peut-être s'y ajouteront de riches mines de fer dans le Piémont. La petite et la moyenne industrie qui se chargent de fournir, à moins de frais, bon nombre de produits courants intéressant la vie domestique y sont loin d'être à dédaigner.

Beaucoup plus caractéristiques encore sont un assez grand nombre d'emplois de l'électricité. Celle-ci, en effet, a à son service des ingénieurs qui continuent heureusement de belles traditions scientifiques. A côté de ces industries qu'on peut appeler nationales, est ce qu'on nomme la grande industrie, l'industrie métallurgique qu'on ne risque guère de qualifier ici d'artificielle. C'est peut-être à elle que les Italiens tiennent le plus ; c'est pour elle qu'ils sont prêts à faire les plus onéreux sacrifices. Une grande disette de matières premières et une disette plus grave encore de houille italienne en accroissent beaucoup les difficultés.

La guerre, qui réunit tant de moyens d'action, tant d'énergies, mêlées les unes aux autres, tant de capitaux surtout, a ruiné beaucoup de gens. Elle donne aussi à beaucoup des occasions de s'enrichir. La grande industrie de l'Italie crut en trouver une dans ce qui semblait devoir subsister des efforts accomplis. Devant le péril, devant le désastre à risquer ou la victoire à exploiter, un grand peuple n'est guère arrêté par l'énormité du gouffre qu'il creuse. Il espère bien le combler plus tard. Dans cette confiance, l'Italie fut un instant soutenue par cette conviction que nombre de créations nées de la guerre et pour la guerre survivraient efficacement pour la paix, grâce à de faciles adaptations dont les moyens se trouveraient acquis. De plus, on escomptait largement les profits qu'on pensait devoir retirer d'une emprise complète sur les rives de l'Adriatique et d'une situation privilégiée dans le proche Orient. Dans ces suppositions et dans les projets qui en résultaient, l'État italien pouvait se sentir encouragé par la grande abondance de sa main-d'œuvre, par l'accroissement continu de sa population, et par la rentrée au foyer d'une masse considérable d'émigrants. Ceux-ci n'étaient pas perdus pour la mère patrie; il est même bien connu qu'ils économisaient beaucoup plus hors de chez eux que chez eux : la métropole en profitait. Mais enfin, puisque cette source d'une émigration lucrative était bien diminuée par l'appauvrissement universel, on pouvait, semblait-il, en retenir une affluence renouvelée de forces réclamées par tant de travaux utiles.

Un homme de science, qui représente en Italie l'une des plus grandes industries françaises et même mondiales, me dit : « L'ouvrier italien est un bon élément, mais il demande à être traité avec beaucoup de fermeté et avec la justice qu'il sait reconnaître. Intelligent et adroit, il n'aime pas toujours faire le même travail. Il manque de discipline, surtout dans son pays, étant beaucoup plus souple quand il est utilisé dans des usines étrangères. »

Ce que l'ingénieur a pu observer ainsi dans de vastes usines, un simple particulier peut le remarquer lui-même, çà et là, pour peu qu'il ait eu affaire tour à tour à des ouvriers italiens et à des compatriotes de même profession. Les premiers sont souvent plus consciencieux, plus désireux de contenter la clientèle. S'ils avaient voulu pratiquer la méthode du moindre effort, ils seraient restés chez eux où il leur en eût moins coûté de conserver les mêmes habitudes, y compris celle de la sieste prolongée qui, dans la mère patrie, est une sorte d'institution nationale. Cette comparaison peut être faite et donner les mêmes résultats à proximité de deux frontières. La Savoie, par exemple, renferme un très grand nombre d'Italiens. Elle ne manque pourtant pas de bons et de solides travailleurs de son propre pays. Malgré tout, les immigrés d'au delà des Alpes savent parfaitement y faire apprécier, quelquefois même préférer leurs bons services.

Retournez à Milan et à Rome, les mêmes catégories d'artisans ne donneront plus les mêmes satisfactions. Les différences ainsi relevées se comprennent facilement. L'émigré, et surtout celui qui va dans des pays plus septentrionaux, a beaucoup plus de besoins qu'il n'en avait sous le ciel de sa patrie. Il y trouve aussi plus d'excitant dans le contact incessant de toutes sortes d'activités laborieuses et sous la pression de la concurrence générale. Enfin il n'a guère, hors de chez lui, les moyens de discuter, de menacer, de contraindre même, dans certains cas, ses patrons, en usant des moyens syndicalistes ou autres. S'il a quitté sa belle Italie, c'est sans doute qu'il avait un peu plus de hardiesse, plus d'initiative et aussi de goûts pour les efforts prolongés. Seulement, tout cela le fatigue et, quand il revient chez lui, c'est au repos qu'il aspire. De là, ce jugement souvent répété que l'ouvrier italien qui revient d'Amérique n'en rapporte absolument rien d'américain ; il revient avec ses petites économies qui suffisent à sa frugalité. Qu'il soit rentré dans sa patrie après des absences quelquefois très longues ou qu'il ne l'ait jamais quittée, on l'y trouve avec les mêmes qualités et les mêmes faiblesses. En temps ordinaire il se résigne sans peine à des conditions inférieures de logement, de vie intérieure et de nourriture, dont l'ouvrier du Nord et de l'Occident ne saurait s'accommoder. Il ne donne pas autant de prise sur lui que peuvent en avoir ailleurs les différents employeurs disposant du

travail et du salaire. Il est assez instable et se
fatigue, nous dit-on, de faire longtemps le même
travail. Il en résulte donc que, malgré son intelligence, son adresse et son amour du bon travail, il ne sait pas acquérir cette promptitude et
cette sûreté qui permettent à un ouvrier français
de faire en une heure ce que l'ouvrier italien
mettra deux heures ou même trois à terminer.
Cette différence est d'autant plus sensible qu'on
descend davantage chez les populations du Centre et du Midi. Là, il faut encore tenir compte
de sa plus grande lenteur à se mettre à la besogne. A Rome même, chacun se plaint couramment que pour faire venir un ouvrier, même
inoccupé, il faille le réclamer au moins trois
fois.

Ce parti-pris de diminuer son labeur, et son
labeur productif, se fait sentir même dans l'a-
griculture. Dans toutes les régions et dans tous
les systèmes agricoles, beaucoup de petits propriétaires du Nord et de métayers du Centre ont
conservé leur vaillance ; mais voici ce que m'assurent de bons juges : dans le Sud et particulièrement en Sicile, de grandes propriétés ecclésiastiques ou autres ont été morcelées par voie
législative et on a ainsi constitué un certain
nombre de petits domaines. On a remarqué que
dans ce cas le nouveau propriétaire, après avoir
enclos son bien du mieux qu'il pouvait, y faisait
deux parts : l'une qu'il cultivait pour ses besoins

personnels, l'autre qu'il laissait en friche, de telle
sorte que dans ces parages la production du blé,
qu'on avait eu l'espérance de voir s'accroître,
n'avait donné que la moitié. Les statistiques,
malheureusement en retard d'au moins deux ans,
nous fixeront sur la portée de cette curieuse esti-
mation.

Le juge très compétent, habitué à suivre de
près les procédés journaliers des travailleurs,
remarquait que ceux-ci ont besoin de beaucoup
de fermeté et de beaucoup de justice. En bien des
circonstances, il faut le reconnaître, le monde
patronal a provoqué ici des critiques. Il y en a eu
de si fréquentes et de si vives, de la part de très
hautes autorités, qu'il est peut-être superflu d'y
revenir. Il est cependant à propos de dire que,
dans les dernières grandes agitations, ceux qui
accusaient un manque de fermeté et ceux qui
se plaignaient d'un manque de suite en parlaient à la légère. Bien des patrons repoussaient
avec énergie certaines demandes en déclarant
que les accepter serait pour eux se ruiner ; puis,
un beau jour, ils cédaient. Ce n'est pas tout, on
pouvait les voir s'engager dans des entreprises
nouvelles et maintes fois imprudentes ; c'était
même dans celles-là qu'ils allaient rencontrer
des écueils insurmontables. Jusqu'à ce que cette
dernière démonstration fût faite, les ouvriers
italiens se disaient donc et se répétaient les uns
aux autres qu'on aurait pu leur accorder plus

tôt ce qu'on avait fini par se laisser arracher. Dans les grèves de la métallurgie, cette alternance de rigueur et de faiblesse a été bien mise en relief par d'excellents observateurs. (Hautecœur.)

Même en dehors de ces péripéties de la lutte de classes, la guerre et ses suites immédiates devaient apporter dans l'esprit des ouvriers de la péninsule des modifications intéressantes à signaler. Après la paix, les mêmes témoins me disent que cet esprit ouvrier ne vaut pas celui de 1914. Il est en recul. Le rendement du travail a beaucoup diminué. L'ouvrier a obtenu la journée de 8 heures, et tout de suite la production a subi un abaissement énorme. Abaissement facile à calculer, non pas seulement dans la productivité de la journée totale, mais dans celle de chaque heure prise séparément. D'après les calculs de l'Office national de commerce extérieur du mois d'août 1920, à la réduction de 20 o/o effectuée sur les heures de travail, correspondait une diminution de production variant de 25 à 35. Il est inutile de dire que les actes d'indiscipline, la grève, les troubles insensés qui accompagnaient l'invasion et la prise de possession des usines y ont contribué largement.

Dans la folie collective qui avait emporté en son tourbillon le pays tout entier, j'ai insisté sur la part qu'avait prise l'agriculture. Il est bon de se demander d'où sont parties l'initiative et l'impulsion. Un Français mal renseigné dirait tout de suite : il ne peut y avoir de doute, ce sont les ouvriers d'industrie qui ont commencé et se sont laissé entraîner ; les bons paysans ont suivi. Eh ! bien, c'est ici l'invraisemblable qui est le vrai. C'est du côté de la terre que le mouvement s'est déclanché. Sur l'aveu du fait, il y a unanimité en Italie. Les cultivateurs et petits propriétaires étaient-ils si mécontents ? Les petits propriétaires, non ; les métayers, non plus : les ouvriers agricoles l'étaient davantage ; les chômeurs, volontaires ou non, les irréguliers, les nomades, les chercheurs de situation l'étaient encore plus. Un mot tombé de haut vint mettre le feu aux poudres. Il n'est pas de nation qui n'ait expérimenté l'action d'une parole imprudente lancée comme un brandon de discorde et une satisfaction non pas donnée, mais promise soit aux appétits, soit aux passions. Ceux qui en ont la responsabilité auront beau essayer de rectifier la portée de leur parole avec des distinctions et des nuances, et avec la réserve de certaines conditions à réaliser au préalable : l'imagination de la foule, naturellement prompte et ardente, n'entre pas dans ces détails. Or un ministre avait dit : « La terre au paysan. » Tout de suite on a voulu que le mot signifiât dans le monde du travail l'expulsion de tous les propriétaires ne cultivant pas eux-mêmes leur propre bien : puis on en a déduit comme un appel complaisant à tous ceux qui, ne possédant rien, promettraient de cultiver ce qu'on leur donnerait, ou leur laisserait prendre. On sait (je l'ai rappelé dans mon dernier travail) que ces raisonnements ne se sont pas bornés à conclure à l'invasion des terres. On estima qu'en vertu du même principe les ouvriers proprement dits devaient devenir les seuls propriétaires des usines auxquelles ils ne se borneraient plus à donner le travail de leurs mains, moyennant salaire.

Les ouvriers d'usine n'avaient donc pas été les premiers à se précipiter dans la voie révolutionnaire. Comment rebroussèrent-ils chemin? Les paysans, tout en s'imaginant que, même sans les outils modernes, ils pourraient toujours s'assurer des produits alimentaires, se virent arrêter par le manque de semences, de capitaux, de crédit et de beaucoup d'autres choses. Les ouvriers ne pouvaient que se rendre compte encore plus vite et plus démonstrativement de tout ce qui leur manquait. Pendant quelque temps, ils eurent l'idée d'aller réquisitionner le personnel intermédiaire des contremaîtres et des ingénieurs actifs, mêlés de plus près à la conduite des ateliers. Ils allèrent quelquefois jusqu'à vouloir les amener de force à les diriger eux-mêmes, bon gré, mal gré, dans le travail dont ils prétendaient cependant s'attribuer l'honneur et les bénéfices. De tels procédés ne sont pas absolument rares en Italie : du moins y trouvait-on déjà certaines prétentions analogues. Quand les braccianti arrivaient en surnombre en une région donnée, n'y trouvaient plus de travail et de travail rémunéré selon leurs prétentions, ils entendaient forcer les propriétaires à leur en donner quand même.

Il eût été facile de prévoir que la subordination complaisante des supérieurs aux inférieurs, c'est-à-dire des savants aux ignorants..., ne pouvait pas avoir de chances de succès. C'est alors que les meneurs se rabattirent sur l'idée du contrôle. On vit des journaux saluer, dans d'énormes manchettes, ce nouveau progrès destiné à mettre définitivement l'Italie à la tête des nations du monde. (Ceci en toutes lettres.) Il est certain que l'idée n'a pas été pendant quelques mois sans troubler beaucoup de têtes en Europe. la France même comprise.

Comment cette contagion était-elle accueillie, jugée dans les différentes couches de la population? Les extrémistes ne se cachaient nullement d'y voir un premier degré de la marche vers la conquête des institutions patronales. Les ouvriers pouvaient enfin, disaient-ils, se rendre compte des bénéfices et trouver par là les moyens de les augmenter à leur profit, puis enfin de les prendre intégralement pour eux-mêmes. S'il leur fallait encore des aides et des guides particulièrement instruits, particulièrement capables, le contrôle universel permettrait d'en trouver parmi les ouvriers eux-mêmes : ceux-ci finalement seraient maîtres de tout.

Au-dessus des communistes, beaucoup des « populaires », sans prendre à leur compte toutes ces utopies, affectaient de voir dans le progrès de l'idée en marche un acheminement vers l'union des classes, vers l'accroissement de la dignité ouvrière, etc... En dehors de ces deux groupements, on commença par se taire, puis on essaya de trouver des explications flatteuses pour le courage avec lequel étaient abordés les grands problèmes. Ce flottement entre une adhésion et une résistance également vagues fut à remarquer pendant plusieurs semaines dans des organes où l'on était habitué à trouver les témoignages d'une science économique plus sérieuse et plus sensée. Mais pour qui suivait l'évolution, il n'était pas difficile de voir les effrayés relever peu à peu la tête et préciser les objections, pendant que les ardents se heurtaient contre les obstacles, quitte à annoncer qu'un jour ou l'autre ils en viendraient à bout.

A la fin de l'été 1922, il était avéré que la grande idée du contrôle des patrons par les ouvriers ne tenait plus.

Je me vis confirmé dans cette idée par un fragment assez inattendu de conversation. Je m'étais présenté, comme je le fais toujours dans mes enquêtes, à une société fort célèbre où chacun semble avoir sa tâche bien marquée et par cela même très soigneusement étudiée. Sachant pour quoi je venais cette année, on appela celui qui s'intéressait le plus activement aux questions ouvrières et qui venait précisément de faire paraître une étude sur le bilan des grèves. Je m'apprêtais à le questionner, quand il me devança avec ce mélange d'intérêt, de curiosité et d'ignorance à l'égard des choses de France qu'on soupçonne partout en Italie. A brûle-pourpoint et sans autre préambule, il me dit : « Je suis heureux de vous voir ; dites-moi ce que l'on pense parmi vous du système Taylor? » Je fus un peu surpris de cette brusque entrée en matière. Si je suis assez connu dans le milieu où je venais de me présenter une fois de plus, c'est pour des travaux d'une tout autre nature. Je répondis prudemment ce que quelques lectures, quelques auditions m'avaient suggéré sur la difficulté d'introduire chez nos deux nations d méthodes pratiquées en Amérique et encore s lement dans quelques industries privilégiées. On enregistra ma brève déclaration pour m'adresser ensuite la question que j'étais destiné à m'entendre poser un peu partout : « Que pensez-vous des actes d'immoralité causés par vos troupes noires en Rhénanie? » Je ne m'arrête ici qu'à la première question. A part moi, je me dis que mon interlocuteur avait dû esquisser de son côté un certain nombre de réflexions d'ordre technique. Je me demandais s'il n'y avait pas là

la preuve d'un revirement intéressant. Il n'était
pas douteux pour moi que mon questionneur
eût été précédemment prévenu en faveur des
revendications syndicalistes et des idées de législation ébauchées par le chef du parti populaire.
Comme je lui avais glissé un mot sur les man-
dements où l'archevêque de Gênes avait plutôt
blâmé Don Sturzo, il me répondit avec une
humeur non dissimulée : « Mais Don Sturzo ne
relevait pas de l'archevêque de Gênes. » Or, dans
les grandes agitations des années précédentes,
l'idée tout à fait à l'ordre du jour, comme il a été
déjà dit, avait été celle du contrôle des patrons par
les ouvriers. Dans le désir de ranimer l'industrie
nationale si atteinte, n'en reviendrait-on pas à
l'idée, absolument opposée, d'un contrôle plus
efficace du travail de l'ouvrier par les chefs
compétents ; car d'après le système Taylor, pris
dans l'esprit essentiel de ses méthodes, c'est
bien, si je ne me trompe, le contrôle exercé sur
les habitudes pratiques de l'ouvrier, sur le choix
qu'il fait de ses matériaux, sur son attention à
ne s'imposer aucune fatigue inutile, mais à ne
compromettre les résultats avantageux d'aucun
effort. Or ce contrôle est à exercer par qui ? Par
des hommes de science et d'une science rompue
aux calculs les plus industrieux. Ce serait donc
bien là un retour à la logique et au bon sens.

Que ce revirement puisse se faire sentir dans
l'esprit de la majorité des travailleurs, il ne faut

pas y compter. Ce qu'il y a de sûr, c'est qu'en 1922 et surtout dans la seconde moitié de l'année, les esprits se sont notablement assagis.

L'esprit actuel de la classe ouvrière, me dit-on de bonne source, est beaucoup plus calme dans les centres industriels du Nord : on l'a bien vu au cours de la dernière grève de l'industrie métallurgique. Cette grève a été déclarée en réponse à l'initiative industrielle de réduire les salaires comme un moyen pour surmonter la crise très grave que l'industrie métallurgique et mécanique traversait en 1920 et 1921 en Italie ainsi que dans le monde entier. Les éléments communistes ont fait tout le possible pour étendre la grève aux autres industries et aux services publics. Mais jusqu'à ce jour ils ont complètement échoué, l'esprit de la masse ouvrière étant dans la grande généralité tout à fait hostile à une telle propagande. Aussi la grève des ouvriers métallurgistes et mécaniques, qui se bornait aux grandes usines, se poursuivit-elle assez tranquillement, et, comme les négociations continuent entre les organisations patronales et la Fédération générale du Travail (socialiste-possibiliste), il est probable que l'accord se consolidera.

Une analyse des réponses d'un représentant de la grande industrie étrangère dans le Nord du royaume nous amène à préciser encore un peu plus les données du problème. Les syndicats ouvriers italiens, m'écrit-on, se rattachent à trois groupes : groupes socialistes et groupes communistes; groupes fascistes; groupes catholiques. On ajoute : il ne semble point qu'aucun de ces syndicats ait un esprit raisonnable et profitable. Pour ce qui est du syndicalisme communiste, on peut, je crois, le prouver sans peine. Les deux autres sont tour à tour en hostilité ou en tentative d'arrangement l'un avec l'autre ; mais la question du travail productif et de l'organisation industrielle n'y figure en aucune façon. La dénomination de catholique appelle un examen plus minutieux. Le vrai nom du parti qui les encourageait et les encourage encore est le parti populaire. Assurément le gros de ce parti et surtout de ses chefs se donnent ouvertement comme des catholiques; mais vers le mois de septembre dernier, se dessinait un mouvement d'hésitation. Des hommes très distingués, comme ceux de l'élite italienne, les Medolago Albano, les Grosoli, les Crispolti, n'osaient désavouer leurs propres initiateurs ; ils craignaient d'atteindre en même temps la cause catholique; car c'était elle qu'ils apercevaient quand même sous l'élément populaire trop favorable à un certain socialisme dit chrétien, d'allures assez menaçantes ; ni la liberté de l'industrie, ni celle de la propriété ne s'y sentaient bien rassurées. Survint la manifestation des sénateurs du parti : ils rappelaient les organisateurs à la prudence ; puis, ce qui était plus significatif encore, des communiqués du Vatican rappelaient qu'aucun parti n'avait le droit de s'appeler parti catholique, la religion étant une chose et la politique une autre.

C'est alors que devant cette espèce de désaveu, le parti populaire et les syndicats qui en relevaient ne purent que faiblir et, comme cet affaiblissement coïncidait avec celui des contingents communistes, le fascisme ne pouvait que se développper et grandir. Les socialistes communistes voyaient leurs rangs s'éclaircir sous une double action : la vue par trop claire de l'insuffisance des résultats d'ordre économique, la peur inspirée par le parti de plus en plus résolu du fascisme. Le parti populaire, de son côté, n'échappe ni à l'une ni à l'autre de ces deux causes de dissolution. Seulement ce qui subsistait du groupe de purs socialistes n'abandonna ni son intransigeance ni son amour de la violence. Aussi l'entrée à Rome du parti triomphant fut-elle beaucoup moins facile que la censure, tout de suite installée, ne permit de le dire. Les quartiers de San Lorenzo et du Transtévère ne purent être contenus que par le canon, les mitrailleuses et les avions armés; par qui, c'est là le mystère.

Du côté des populaires, ce fut la tendance à la conciliation qui se fit jour. Lors de mes enquêtes, ce n'était encore qu'une hypothèse. Introduit pour la seconde fois, avec beaucoup d'honneur et de confiance, au siège d'une grande union populaire du Nord, j'eus avec son président le petit dialogue que voici : « Les fascistes et vous, êtes-vous amis? — Non. — Êtes-vous alliés! — Aujourd'hui, non, mais demain, peut-être?... *Oggi no, ma domani... forse!...* » A Rome, un journaliste français de marque me dit que j'étais mal renseigné. Mais six semaines plus tard, le parti populaire laissait entrer trois de ses membres dans le ministère fasciste.

Je m'excuse de pénétrer ici un peu plus que je ne l'aurais voulu dans le détail de ces combinaisons mouvantes. Je le fais sans autre but que de chercher ce qu'y deviennent la vie sociale et le progrès économique. Disposés à approuver le dernier coup d'État, beaucoup d'Italiens et même de Français disaient : « Un grand pays comme celui-ci ne pouvait cependant pas rester dans un état d'atonie et de marasme, avec des dédommagements si insuffisants pour les pertes qu'il a faites, avec un change si humiliant pour sa dignité nationale, et ainsi de suite. » Soit! mais en quoi cela est-il pallié par le conflit des passions et des combinaisons électorales? Si le dictateur entend recoudre, après avoir taillé, s'il réussit vraiment à rallier à lui tout le parti populaire après l'avoir rudement malmené, s'il le détourne définitivement de ses complaisances envers les combinaisons socialistes, alors il ramènera l'ordre et en même temps, il faut l'espérer, le goût du travail; il ramènera aussi un peu plus de confiance, et le taux du change qui s'est déjà amélioré s'en relèvera d'autant. Mais sur ces divers points nous ne sommes pas suffisamment éclairés. Je m'en tiens donc pour le moment à ce que j'ai pu constater par moi-même.

Dans mon dernier séjour à Rome, au moment où je voyais se préparer des événements imminents, j'avais tenu à aller voir le grand chef des Populaires, celui que, l'année précédente, on appelait à Paris le maître de l'heure. Il revenait à peine d'Allemagne où il avait essayé, sans succès d'ailleurs, de reconstituer un Centre, c'est-à-dire un groupe catholique international où l'Italie jouerait un rôle *di primo cartello*. Je n'avais pu alors le rencontrer : je me rappelais seulement l'avoir vu en Sicile, il y avait dix ans, pendant peu de temps. Je fus donc surpris d'être reconnu de lui tout de suite avec tant de précision qu'il rectifia de lui-même mes propres souvenirs : ce n'était pas à Catane, comme je me l'imaginais, que je l'avais vu, mais à Caltagirone. Il était alors maire de sa commune et s'appliquait à créer de petits fermages dans l'intérieur de grandes propriétés collectives. Je le retrouve surtout avec son œil illuminé et pénétrant, son corps maigre et sec, ses cheveux toujours très noirs, ses traits anguleux et énergiques et avec une parole qui, cette fois au moins, a une netteté ne laissant rien à désirer.

Je lui demandai : « Dans les syndicats ouvriers de l'Italie et surtout dans ceux qui vous intéressent le plus, qu'est-ce qui domine? Est-ce le côté professionnel? Est-ce le côté politique? » Il me répond sans hésiter : « Avant la guerre c'était le côté professionnel, car les profits du commerce et de l'industrie étaient alors suffisants pour que l'ouvrier en réclamât et en obtînt une part croissante. Depuis la guerre c'est tout changé. Encore en ce moment, et plus que jamais, c'est la crise intense, la crise dont nous ne voyons pas encore la fin. Dès lors la plupart de nos syndicats se retournent vers la politique. » J'ai recueilli textuellement ces paroles, tout en me demandant ce que les syndicats pouvaient retirer de la politique, du moment où ils voyaient eux-mêmes la difficulté et l'impossibilité d'améliorer la vie industrielle et commerciale? Comment les conflits politiques augmenteraient-ils la part qui doit leur en revenir? Si c'est la politique qui est en mesure d'assurer des services publics moins coûteux et meilleurs, un équilibre budgétaire suffisant, ce sera un bon commencement. Jusqu'à présent les divers partis et les divers gouvernements annoncent bien que tel est le but de leur politique; mais on ne voit guère se dessiner la marche qui, de réforme en réforme, d'étude pratique en étude pratique, conduira pas à pas au but. Relever l'Italie, c'est trop souvent, pour la masse de la nation, rêver de grandes choses qui ne peuvent être naturellement que très coûteuses. On veut agrandir tous les ports, doubler celui de Palerme, en créer à Bari, parce que Bari sera le port de l'Adriatique orientale et de l'Asie. Soit encore, mais alors comment tant parler des économies qui s'imposent et de la réduction du nombre des fonctionnaires, puisqu'on veut créer dès aujourd'hui, remarquons-le bien, de nouvelles entreprises fort coûteuses et qui réclameront un surcroît de personnel administratif?

En écoutant le chef alors très populaire qui me ramenait malgré moi vers la politique, je me demandais encore si dans les groupes ouvriers, et surtout dans les syndicats, se développait une sorte de collaboration entre les éléments purement ouvriers et les éléments plus intellectuels et plus instruits. Le contact des uns et des autres et les échanges d'idées qu'ils amènent ont des inconvénients et des avantages. Ce sont les avantages qui dominent quand ces intellectuels sont des hommes désintéressés et dévoués : ils organisent des œuvres utiles, ils apprennent à leurs dirigés qu'on obtient beaucoup plus par la suite dans les idées et par la modération que par les soubresauts périodiques d'une violence inconsidérée. J'ai montré comment quelques beaux exemples donnés par certains de ces groupements ne faisaient guère école dans l'ensemble du royaume, et comment les hommes véritablement soucieux du bien se lamentaient d'avoir rarement sous la main le personnel dirigeant qui leur eût été nécessaire. Ce qui a longtemps abondé, ce sont, comme partout, les entraîneurs intempérants, les hommes de surenchères, les chercheurs de popularité, bref, les arrivistes.

On m'assure néanmoins qu'aux approches mêmes de triomphe fasciste cette influence était en baisse. Ce serait un très bon symptôme, si les hautes classes, celles des gros industriels et des gros propriétaires, faisaient leur devoir, si le clergé faisait également, quoique d'une autre manière, le sien, si ceux qui sont au pouvoir réussissaient à organiser un enseignement technique et si enfin les classes moyennes parvenaient à compter davantage dans l'État. Je reprends ici ces deux dernières questions.

*
* *

Sur l'enseignement technique, je consulte deux hommes appelés à suivre, l'un les entreprises industrielles, l'autre les opérations commerciales. Tous les deux sont d'accord qu'il y a dans les projets gouvernementaux beaucoup de trompe-l'œil et peu de résultats utiles.

Au premier j'avais posé la question générale : « L'instruction, particulièrement l'instruction technique, se développe-t-elle et fait-elle de réels progrès? Dans quelle mesure le personnel dirigeant y contribue-t-il? »

A quoi il avait répondu : « La question de l'instruction technique n'est pas encore résolue en Italie. Beaucoup de projets sont en gestation. L'Italie manque d'écoles professionnelles sérieuses ; les industriels dirigeants ne font guère d'efforts pour combler cette lacune. » Cette dernière assertion est certainement exacte. Il convient cependant d'ajouter que le dernier projet gouvernemental prétendait mettre toute la dépense à la charge des patrons, en leur faisant payer une somme égale pour chaque ouvrier, et le projet fut retiré ou tout au moins resta en suspens. Vu le concours si efficace que les grands industriels ont apporté à la révolution fasciste, il n'est pas probable que le projet qui les effrayait soit repris de si tôt.

En attendant, mes deux témoins s'accordent à affirmer qu'il n'y a vraiment dans le royaume ni pré-apprentissage ni apprentissage véritable. Les prescriptions édictées au sujet des jeunes travailleurs n'ont aucune sanction et par conséquent demeurent lettre morte. On trouve bien çà et là, dans quelques municipalités privilégiées et dans quelques milieux amis des bonnes œuvres, des institutions intéressantes, mais elles sont isolées et la plupart affectent plutôt des allures d'œuvres de bienfaisance ou, comme on dit en Italie, d'œuvres pies. La masse des travailleurs se jette donc un peu au hasard sur ce qui est à sa portée. L'usage, de plus en plus répandu depuis la guerre, des machines-outils, qui ne demandent guère à l'ouvrier que de tourner constamment la même manivelle, a facilité la besogne d'en bas. Ce qu'on peut appeler le travail d'en haut, celui des contremaîtres, des chefs de service et des ingénieurs, n'est pas fait pour demeurer si terre à terre. La valeur s'en est-elle élevée? Mon deuxième témoin, lui surtout, me répond que non. Voici ses paroles : « Les industriels ont souvent regretté le manque d'instruction de leurs ouvriers et surtout des contremaîtres et des ingénieurs spécialistes. Il a fallu appeler souvent, pour y suppléer, du personnel étranger, dont le départ au début de la guerre a désorganisé la production. »

On ne ménage pas les éloges aux grandes écoles qui forment des savants de théorie : mais on constate qu'entre ces institutions et les travailleurs proprement dits, le pays est très loin d'avoir ce qu'il lui faudrait d'écoles intermédiaires techniques et pratiques. On me fait la même observation dans le domaine de l'art où, par exemple, le dessin et la plastique sont enseignés dans des cours de haute envergure, mais qui laissent les jeunes vocations sans guide et sans conseil. Nous voici donc tout naturellement ramenés à ce point noir qui pose son obscurité sur tant d'attraits et d'illusions, c'est-à-dire l'insuffisance des classes moyennes. Celles-ci ne pourraient se relever socialement que si elles apparaissaient comme des initiatrices d'un réel progrès dans le bien-être, dans la dignité de la vie, dans l'élévation des sentiments et des idées. J'ai déjà expliqué plus d'une fois quelles étaient les insuffisances spéciales à l'Italie. Je demande cette année où on en est. Les meilleurs juges, les hommes les mieux préparés à voir les choses de près et à les juger en toute impartialité me disent : La question de l'enseignement populaire en est toujours au même point. Un grand nombre de projets, aucune réalisation méthodique. Le gouvernement n'a point encore établi d'écoles professionnelles sérieuses, et les industriels et dirigeants ne font guère d'efforts pour combler cette lacune.

Faire baisser le prix de la vie et hausser les salaires : tel est naturellement le double but où tendent les réclamations des travailleurs. Il n'y a à cela rien d'étonnant. Là où ils ont gagné, là où ils gagnent encore des salaires exceptionnels, comment en apparaît le profit? Comment s'en ressent le niveau général? Ne lui reprochons pas trop de céder plus volontiers à l'attrait de la gourmandise et à celui du moindre effort : ce sont là des faiblesses que nous pouvons trouver aussi hors de chez eux. Dans leur vie intérieure et de famille, ne pourraient-ils mieux réagir contre les habitudes héréditaires d'abandon et de négligence que leur imposait le poids jadis si lourd de leur pauvreté?

Le conseil municipal de Milan, puisant largement dans les caisses de la ville, avait bien traité sa clientèle. A ses employés de tramways, à ses pompiers, il allouait des salaires de 1500 lire par mois. En même temps, s'élevaient pour les classes ouvrières, disait-on, des immeubles considérables. Vues en façade, ces immenses constructions pouvaient être prises pour de véritables palaces. Mais si on pénètre dans les ménages, on y retrouve toute la saleté, tout le désordre, en un mot toute la pouillerie légendaire. On y verrait même cet expédient d'avoir une seule cuisine pour deux ou trois familles, ce qui multiplie les occasions des pires promiscuités.

A Rome, le terrain est moins cher qu'autour de Milan, car on peut, dans les plaines encore non cultivées de l'Agro Romano, tailler pour ainsi dire en plein drap. En concédant des parcelles à des prix de faveur et en subventionnant largement des coopératives de construction, le gouvernement a donné le moyen de bâtir des maisons plus nombreuses et moins hautes et d'ébaucher même des plans de cités-jardins. On dit seulement que parmi ces coopératives les mieux traitées sont toujours les coopératives socialistes. C'est déjà de cette faiblesse politique que se plaignait devant moi l'année dernière un député florentin. Aujourd'hui, à Rome, on m'a dit s'attendre, de ce côté, à de nombreux mécomptes, pour ne pas dire à des catastrophes.

Il appartiendrait, ce semble, aux classes moyennes de seconder les améliorations familiales de vie et de logement, par des leçons appropriées. Comment n'arrive-t-il pas plus souvent que des travailleurs plus hardis, plus économes et mieux servis par les circonstances montrent, par leurs exemples, qu'il serait possible de s'élever dans la hiérarchie sociale? Quelques familles sans doute y réussissent ; elles provoquent des jalousies, mais aussi une émulation bienfaisante. Seulement ces cas sont rares et isolés. Ni le laisser-aller, ni la négligence, ni la résignation à rester populaire, ne permettent un rôle national utile à bon nombre d'éléments de la vie publique qui pourraient mieux faire. Actuellement, ils se préparent trop peu à former une bourgeoisie forte et agissante. Il est des régions où la qualité de propriétaire fait aisément passer sur ce qu'on peut apeler, au sens précis du mot, la rusticité. Encore ceci même n'est-il pas fréquent. Ni les connaissances acquises, ni les titres, ni les brevets n'y font rien, pas même les très abondants doctorats, qui d'ailleurs n'ont pas plus de valeur probante que notre baccalauréat français. On a vu comment la formation et les habitudes du clergé italien, loin de faire de lui un ferment de vie ascensionnelle, en faisaient plutôt un agent de stagnation et quelquefois de désagrégation. Cette action-là, il n'est pas possible de la suivre dans la vie religieuse des deux sexes, comme dans la vie de famille.

．．．

Des circonstances qu'on expliquera tout à l'heure m'avaient amené à faire la connaissance d'une famille romaine comptant deux fils et une fille. Un des grands-pères avait été préfet; deux oncles paternels sont professeurs d'universités. Quant au père lui-même, il exerce un profession qui tient à la fois de l'art, de la science et de la technique : il est architecte, et je connais les monuments qu'il a construits dans la capitale. C'est d'ailleurs un homme très instruit et il me le prouve. Il me prouve également qu'il est sans vaines ambitions et d'un réel bon sens. La mère est agréable et fine; le fils aîné voudrait être sculpteur : la famille entière parle couramment le français. Bref, j'avais là devant moi tout un groupe qui, en France et même à Paris, ferait partie de la bourgeoisie la plus honorable et la mieux considérée.

Des relations assez intimes avaient été nouées à l'occasion de la présence de la jeune fille à Paris. Arrivée seule, elle nous avait été fort recommandée. Un premier étonnement nous attendait : cette jeune fille, très ouverte, gaie, sémillante, sachant écrire et causer en français, non seulement avec facilité, mais avec un sens très exact des nuances et une rare délicatesse, était venue dans notre pays pour s'y faire trappistine. Comme elle s'offrait volontiers à une intimité affectueuse, nous lui fîmes part de notre sujet d'étonnement.

« Comment, lui disions-nous, vous, très bonne Italienne, très bonne patriote, fille très aimante et très aimée, avez-vous pris le parti de vous exiler ? Vous ne manquiez cependant pas chez vous de couvents entre lesquels vous auriez pu choisir ? » Elle nous répondit : « Oh ! à coup sûr, ils ne manquent point. Vous en trouverez même beaucoup dont vous goûterez dans vos visites la piété confiante, naïve, enfantine. Vous m'avez raconté — et ici c'est à moi-même qu'elle s'adressait — comment en revenant de Montréal à Palerme vous aviez rencontré sur votre route un couvent du Bon Pasteur. Vous y étiez entré et, sur le seul vu de votre carte, deux sœurs étaient venues au-devant de vous, la plus jeune tenant à la main une fleur qu'elle vous offrait. Cette petite scène vous avait charmé ; vous pourrez vous en procurer encore du même genre dans plus d'un de nos milieux ; mais sachez que nos couvents d'Italie n'ont pas de vie religieuse sérieuse. »

Fort instruite comme elle l'était, elle connaissait ces phares de haute idéalité catholique qu'on appelle les Carmels, allumés par Anne d'Autriche, entretenus par les La Vallière, les

Madame Acarie, les Louise de France, puis de nos jours, par des filles de grands savants, de grands entrepreneurs et de capitalistes millionnaires. « Si j'allais dans un Carmel d'Italie, voici, ajouta-t-elle, voici ce que j'y trouverais : des filles de cochers, de concierges et de cuisinières; or je ne méprise personne, mais enfin ce n'est pas là ce à quoi j'étais préparée. » Malgré la confiance que m'inspirait la jeune religieuse (car depuis lors elle avait pris l'habit), je voulus me renseigner à Rome même. Je m'adressai à une grande communauté française qui voit affluer dans ses chapelles et dans ses parloirs des groupes de toute origine. La réponse fut la suivante : « Il est malheureusement très exact que les couvents d'Italie reçoivent à peu près n'importe qui, et que par conséquent le niveau moyen ne peut en être que bas. » J'avais ainsi la preuve que la jeune Romaine n'avait eu d'autre but que de s'évader en quelque sorte du milieu religieux de ces monastères; mais j'allais avoir aussi la preuve d'une autre évasion, celle du milieu social où semblent se confiner les familles moyennes.

A Rome, je ne pouvais faire autrement que de rendre visite à une famille dont l'un des membres m'avait si fort intéressé. La rue qui traverse un quartier neuf était belle et la maison avait bonne apparence. Quand je fus introduit, ma surprise fut grande. Il me semblait que je pénétrais dans un de ces logis que les Sociétés de Saint-Vincent de Paul et les jeunes normaliens généreux du dimanche matin vont visiter au quartier Mouffetard : inutile d'en donner la description. La maîtresse de la maison ne songea même pas à s'excuser, pas plus qu'à mettre un peu d'ordre à la hâte autour d'elle. Un peu plus tard, je racontais cette visite à un Français établi depuis plusieurs années à Turin, où il dirige d'importantes opérations commerciales. Il ne manqua pas de me dire que c'était ainsi partout. « Vous pourriez, me dit-il, entrer, par exemple, en relations d'affaires avec un homme enrichi, roulant automobile: chez lui, il serait hors d'état de vous offrir à déjeuner. » Ce millionnaire mis à part, à quoi tient cet abandon et cet aspect de négligence de tant de familles appartenant à des professions libérales ? Est-ce à la pénurie des ressources et à la modicité des émoluments ? En partie, oui : car il est encore des traitements dérisoires. Mais le témoin dont je viens de parler m'affirme que c'est là surtout l'effet d'habitudes séculaires, acceptées sans aucun effort pour en sortir. Il conclut par cette phrase lapidaire : « Le souci de se créer un atavisme bourgeois n'existe pas en Italie. »

Ma petite monographie de famille ne devait cependant pas se terminer là. Ma jeune fille m'avait vivement recommandé l'un de ses deux frères qui désirait être sculpteur, mais cherchait en même temps à gagner sa vie. Sans valoir sa sœur, il était cultivé, et il n'aurait pas mieux demandé, lui aussi, que de s'évader de son milieu social. Avec son imagination méridionale, il projetait déjà de venir à Paris, accompagné de toute sa famille. Il vint seul et m'exposa ainsi son état d'âme : « Je suis comme tout Italien, entre les mains duquel on mettra un bloc de plâtre : j'en tirerai sans grand peine une figurine quelconque; mais ce que je n'ai pu découvrir, c'est un enseignement du dessin me permettant de monter plus haut, et, en attendant, il faut que je trouve un gagne-pain. » On n'eut pas de peine à lui démontrer à quel point il était difficile de mener de front ces deux tâches. Pourra-t-il lutter avec succès? Je l'ignore encore.

Quoi qu'il en soit, j'avais bien touché du doigt cette vérité que j'entrevoyais depuis longtemps : après une aristocratie très fine, très instruite, très élégante, mais ne disposant d'aucune influence en dehors d'elle, on ne peut, en quelque sorte, pas s'arrêter dans une classe moyenne faisant figure et jouant un rôle. On ne trouve devant soi que des masses populaires, toujours ardentes et ambitieuses, rarement satisfaites et dont abusent trop souvent les politiciens. Le contrepoids que nous avons si souvent trouvé chez nous dans une bourgeoisie résistante et prudemment novatrice continue donc à manquer chez nos voisins.

⁂

Telles étaient, dans la seconde moitié de 1922, les forces actives et aussi les défaillances de ce qu'on appelle aujourd'hui partout l'œuvre de la reconstitution nationale. Les exceptions locales ou plus ou moins passagères ne sont cependant pas à négliger; car toute exception, quand les conditions en sont étudiées, peut servir d'exemple instructif.

La lettre par laquelle débutait la présente étude, et où l'un de mes témoins habituels se récusait devant l'incertitude universelle, n'était pas encourageante. Malgré tout, je me suis mis en quête de renseignements nouveaux : les premiers que j'eus à recueillir, dans une région, il est vrai, limitée, furent très positifs et très rassurants. J'étais entré en Italie par les lacs du Nord, et je me trouvais dans la petite ville de Lecco, dont le lac, au pied des montagnes alpestres, est une dérivation du lac de Côme. J'y fus tout de suite frappé par l'aspect de quelques usines de moyenne étendue, mais paraissant très actives. Je questionnai d'abord un peu au hasard. On fut d'accord pour me répondre que, dans la ville et dans le pays d'alentour, tout allait très bien, personne ne se plaignait, les salaires étaient suffisants, les usines travaillaient à plein et on savait qu'elles avaient des commandes pour jus-

qu'à la fin de février. A quoi s'employaient-elles ?
Surtout à des industries locales, dont la fabrication de clous pour les chaussures de montagne
et la confection de fils de fer servant à faire cir-
culer, d'un pic à l'autre et des hauteurs aux val-
lées, des bois et autres objets. C'est là, comme
on sait, le résultat d'une invention nouvelle, et
dont de fort beaux cinémas ont mis sous nos
yeux des exemples au cours de la guerre.

Peu après, j'étais dans la ville beaucoup plus
importante de Bergame, et je pouvais vérifier
l'exactitude de ce que le précédent petit milieu
m'avait exposé; l'industriel piémontais. M. Giretti, que j'ai déjà cité, m'avait adressé à un
homme de science qui gère en même temps,
pour son propre compte, divers intérêts économiques. « Ce qu'on vous a exposé, me dit-il, de
la situation de notre région est peut-être un peu
trop optimiste, mais, au fond, demeure exact.
Cela tient à deux causes. D'abord, il est certain
que les usines hydro-électriques ont fait des
progrès ; il leur en reste encore à faire, car leur
machinerie est souvent insuffisante et, quand les
chutes d'eau ne donnent pas ce qu'on en espérait, on n'est pas en état d'y suppléer par la
houille. De l'ensemble de ces conditions il résulte
que la grande industrie ne pénètre pas chez nous,
mais que la moyenne y est prospère et que la
population y est stable. Cette population, d'ailleurs, est traditionnellement très simple, très

laborieuse, très morale et très catholique. En tout cela, elle est indubitablement supérieure au reste du royaume. Les imprudences des deux dernières années, les avances faites à certaines velléités socialistes n'ont pas été sans les gâter un peu, mais leur supériorité subsiste. Elle subsistera encore, si l'*union du travail*, affiliée à tant d'autres unions, ne trouble pas trop les esprits. On ne peut évidemment lui reprocher ses tendances démocratiques, mais on craint toujours qu'en une occasion subitement donnée elle ne pousse à la violence. »

Là région de Côme est encore plus vivante et surtout plus riche. C'est là le siège, par excellence, de l'industrie de la soie. Très puissamment organisée, cette industrie a à sa tête un comité où je suis reçu. C'est une vraie ruche où tout travaille et fait travailler. Mais je m'aperçois ici que, si les hommes compétents sont très précieux dans ce qu'ils vous disent, ils sont quelquefois dangereux dans ce qu'ils vous taisent : ils mesurent leurs confidences aux intérêts dont ils ont la charge. Au cours de notre entretien, le président du comité affecte un très grand ressentiment contre le protectionnisme français. Il parle comme si l'Italie ouvrait toutes ses portes aux industries étrangères et comme si la France fermait toutes les siennes. Son confrère, M. Giretti, qui est également libre-échangiste, a plus de souci de la vérité : il me déclare, dans une note écrite, que le système protectionniste sévit dans les deux pays et qu'il les pousse tous deux à la ruine. En tout cas, il est bien connu que le gouvernement italien, jaloux de favoriser les productions florales de sa propre côte d'azur, avait réussi à opposer aux produits de la côte française et à ses célèbres parfumeries des droits vraiment prohibitifs. Il avait même, par une interprétation subtile des modes de paiement, trouvé le moyen de tripler les droits de douane tels que les avaient établis les traités. Ce fut précisément cet abus qui amena l'ambassade de France à protester avec une certaine énergie, et ce fut la menace de représailles qui hâta la conclusion d'un nouveau traité plus libéral.

Je reviens à l'industrie soyeuse. Pour bien comprendre les choses, il faut savoir qu'elle se décompose en un certain nombre d'opérations : la filature, le tissage, la teinture et le façonnage. Or c'est dans la filature, c'est-à-dire dans la première phase du travail total, que l'Italie jouit d'une supériorité économique incontestable. Elle la doit à une main-d'œuvre féminine très abondante et très peu payée. Ce sont là d'ailleurs deux conditions qui lui sont communes avec la lingerie et la broderie dont les travaux, comme on le sait, sont très répandus en Italie. Dans les autres phases de la production soyeuse, la France reprend sa supériorité : donc beaucoup de soies filées en Italie franchissent la frontière pour se soumettre à notre travail national. Il y a donc ici division du travail beaucoup plus que concurrence. Il est même entre les deux pays plus d'une forme de concours et d'union qu'on m'explique à la Chambre française du commerce et de l'industrie à Milan. Beaucoup d'industriels lyonnais sont intéressés dans les filatures du pays de Côme : quelques-uns y ont des filatures à eux où ils font travailler un personnel italien. Enfin il s'est établi plusieurs variétés de consortium qui paraissent à l'avantage des deux pays.

En mettant le pied dans le monde de la grande industrie, je devais surtout y trouver des preuves d'un marasme intense accru par des déconfitures bien connues. La célèbre maison Fiat a, il est vrai, bien supporté la lutte. Elle restait pourvue de brevets très appréciés avec un personnel déjà formé et des débouchés importants dans les pays où l'émigration italienne afflue. Au lendemain de la guerre, la maison s'est empressée d'acheter à bas prix de vieilles ferrailles et elle a fiévreusement construit de la camelote. Mais on dit que tout ce matériel de transition est écoulé et que le retour à des procédés normaux est assuré. L'industrie napolitaine a été moins heureuse et les entreprises piémontaises connues sous le nom d'Ansaldo ne l'ont pas été davantage. Elles avaient multiplié de belles usines et des travaux gigantesques : le tout reste inutilisé. Pour combien de temps ?

D'un bout de l'Italie à l'autre, on répète que c'est avant tout une crise bancaire, c'est-à-dire que, du jour où les capitaux étrangers se retirent et disparaissent, rien ne va plus. Il est superflu d'expliquer comment et pourquoi les capitaux allemands, français et anglais ont fait défection. On a cru un instant pouvoir compter sur l'Amérique. Celle-ci assurément ne dédaigne pas de faire en Italie quelques affaires fructueuses, quand elle en trouve l'occasion : mais elle est fort exigeante et témoigne que sa confiance est très limitée. Une grande entreprise américaine, me dit-on à la Chambre de commerce, a loué à Milan de vastes locaux. A un moment donné, elle était en mesure, si elle le voulait, d'acquérir en pleine propriété ces mêmes locaux à un prix de très peu supérieur à celui qu'elle paye pour sa location. Elle repoussa la combinaison pour ne pas se voir immobilisée.

L'état de cette grande industrie, objet des hautes ambitions de l'Italie, voit donc de grosses difficultés financières s'ajouter à celles qui la gênaient déjà tant par la constitution naturelle du pays. C'est ici le lieu de reprendre pour un instant les conversations ébauchées à Côme et à Milan au sujet du libre échange et de la protection. Voici les réponses que, dans Turin même, faisait à mes questions le représentant de la grande métallurgie française :

« — Comment se partagent les tendances

soit au libre échange, soit à un régime protectionniste plus ou moins exagéré ? »

Réponse : « La tendance au libre échange a peu de partisans ; la tendance protectionniste est, au contraire, très répandue, notamment parmi les représentants des industries métallurgiques, mécaniques et, bien que dans une faible mesure, de la soie. La protection métallurgique est une des grosses questions de l'Italie, puisqu'elle a pour effet de grever lourdement l'industrie mécanique très développée. Les tarifs douaniers actuels, en vigueur depuis le 1er juillet 1921, ont accru dans une mesure considérable la protection douanière ; celle-ci constitue un véritable obstacle à l'importation de produits même absolument nécessaires à l'économie du pays. »

« — Comment comprenez-vous le concours possible de l'industrie française et de l'industrie italienne ? Concevez-vous comme souhaitable l'envoi en Italie de produits non achevés que le travail italien se chargerait de finir ? »

Réponse : « De par son manque de matières premières, son abondance de main-d'œuvre et de force hydraulique (celle-ci d'ailleurs ne pouvant alimenter les hauts-fourneaux ni travailler à la grosse métallurgie), l'Italie paraît destinée à développer surtout ses industries de transformation. A cet égard, il semble que des ententes seraient tout indiquées avec l'industrie française. Il ne semble pas toutefois que ce point de vue ait arrêté l'attention des industriels italiens. La participation des capitaux français dans les entreprises italiennes (électriques, mécaniques, chimiques, etc...) a parfois donné de bons résultats. C'est une question d'organisation. De nombreuses entreprises italiennes sollicitent actuellement des capitaux étrangers que paraît inquiéter surtout le système fiscal. Une campagne est actuellement faite pour que le gouvernement prenne des mesures en vue d'atténuer ces inquiétudes et pour favoriser l'introduction des capitaux étrangers. »

Au moment où ces réponses m'étaient faites, le nouveau traité de commerce franco-italien était conclu, le coup d'État fasciste rendait confiance aux possédants, le change s'améliorait. Ces événements politiques vont-ils avancer la fin de la longue crise ? Confiance a été surtout rendue à ceux qui tiennent le plus à la certitude d'un ordre public sachant se faire respecter. Le fond de la population trouvera-t-il bientôt un équilibre d'où soit exclue l'action de la terreur ? La compression de telle ou telle faction désarmée sera-t-elle payée par l'omnipotence et par l'arbitraire de la faction victorieuse ? Le sentiment de la gloire nationale est fortement ancré dans tous les rangs de la population, depuis les extrémistes de gauche jusqu'aux extrémistes de droite : il est capable de faire beaucoup de sacrifices, mais aussi beaucoup d'imprudences. Saura-t-il suffisamment ménager les finances du pays et les susceptibilités du dehors? La sagesse du gouvernement tournera-t-elle à la duplicité et à la ruse? D'autre part, le désir de secouer une peur paralysante n'aura-t-il d'autre ressource que de renouer une fois de plus les intrigues occultes et les combinaisons artificielles?

Deux exemples précis étaient venus justifier nos doutes. Un syndicat d'extrémistes de gauche, trop habitué à voir les gens subir ses exigences, avait dressé, de sa propre autorité, pour le grand port de Gênes, tout un cahier des charges, fixant les attributions, les émoluments, les salaires, depuis le simple porte-faix jusqu'à l'ingénieur en chef. Le personnel entier avait accepté. Il en résultait, pour le port et pour la ville, un trouble profond et une aggravation du marasme universel. Les fascistes voulurent rétablir l'ordre eux-mêmes. Un des deux dictateurs de gauche ayant, suivant le mot vulgaire, mangé le morceau, le réseau factice fut aisément brisé. Seulement les hommes d'affaires et publicistes étrangers, simples témoins des faits, se demandent encore s'il n'y aura pas pure substitution d'un ordre dictatorial à un autre. Ils se posent la même question au sujet des congédiements en masse de milliers de cheminots. En résultera-t-il de réelles économies ou un appel aux convoitises fascistes prenant la place du personnel précédent?

Pour affermir en toutes choses l'ordre et la paix, des hommes de grande valeur m'ont dit : « Nous voulons compter sur les universités. » Ils espèrent tout d'abord qu'elles sauront préparer la réorganisation nécessaire des trois ordres d'enseignement : des bienfaits de toute nature, économiques et sociaux, en résulteraient, dit-on. Il y aurait là, en effet, une œuvre d'un caractère intellectuel et scientifique, donc désintéressé et profitable à tous. Une telle entreprise ne peut que mériter attention et sympathie. En pénétrer l'esprit, en suivre les plans est un dernier travail que nous allons aborder.

CHAPITRE VII

L'Enseignement public en Italie

La *nouvelle Italie*, — car la politique étrangère et la diplomatie ont encore une fois remis le mot à la mode, — nous donne en ce moment l'exemple d'un grand effort pour renouveler non seulement son administration, ses douanes, ses finances, mais son esprit public. Le souci même de ses intérêts économiques et de sa prospérité nationale lui en faisait un devoir. Ainsi en est-il d'ailleurs pour toute nation qui veut être à la hauteur de toute difficulté née de la concurrence universelle. Dans les derniers jours d'avril dernier, je m'étais cru sur le point d'avoir à démêler un grand travail de transformation générale dans le domaine entier de l'instruction publique. Entré à Naples dans un immense établissement d'enseignement, un des maîtres qu'on m'avait le plus engagé à consulter m'accueillait par ces paroles : « Vous voulez savoir, Monsieur, ce que va être désormais notre enseignement? En venant trop tôt, vous tombez mal, car nous allons tout bouleverser. »

Je n'allais pas tarder à me rendre compte de ce que cette promesse ou cette menace avait de vraiment exagéré. Elle me créait cependant le devoir de ne rien négliger dans l'étude d'un ensemble où tout se tient. Autrement dit, j'avais à commencer par l'enseignement élémentaire ou primaire. Un juge compétent et d'une ambition très sage s'était borné à me dire : « Nous voulons faire sortir ce premier enseignement de son état embryonnaire. » Pour être convaincu qu'il y avait lieu en effet de l'essayer, je n'aurais qu'à rappeler ici le triste tableau qu'un des derniers sous-secrétaires d'État à l'instruction publique n'avait pas craint de communiquer à la presse. Certes, il ne faut pas exagérer l'importance que peut avoir en soi un enseignement destiné au premier débutant. Il y aurait plutôt lieu de prier les maîtres et les maîtresses de ne pas se mêler de ce qui ne les regarde pas, de ne pas s'attribuer de mission politique. Ce dernier mal, si connu en France, sévit-il en Italie? Pas au même degré, à coup sûr, car le prestige et l'influence de ces modestes éducateurs y sont extrêmement faibles et leur ambition à eux paraît bien se borner à obtenir des traitements qui ne soient pas des traitements de famine. Les élèves qu'ils ont à former sont d'ailleurs particulièrement jeunes; ce sont des enfants de six à dix ans. Il n'en est pas moins vrai que ce premier outil, si simple et si rudimentaire qu'il puisse paraître, doit être fait pour permettre d'en manier d'autres. Il importe donc grandement qu'on ait pu mettre à la disposition même des plus jeunes des notions claires, des notions justes et des vérités de bon sens servies par des méthodes d'exposition bien graduées.

Le soin d'assurer de pareils éducateurs est dévolu partout aux écoles normales. Aussi commence-t-on par être profondément étonné quand on apprend qu'une des premières mesures adoptées par la nouvelle administration a été de réduire de cent trente à quatre-vingts le nombre de ces écoles.

On donne, à la vérité, de cette énorme réduction une raison qui vaut qu'on y réfléchisse. Il est certain que, depuis un certain nombre d'années, les écoles normales étaient envahies par des jeunes gens des deux sexes qui ne se destinaient en aucune façon à l'enseignement. Que venaient-ils donc y chercher? Un petit diplôme, facilement acquis, comme les Italiens aiment beaucoup en trouver à leur portée quand ils cherchent une sorte de monnaie d'appoint pour se procurer quelque crédit, quelque faveur, quelque fonction publique ou privée. Il y avait là, me dit-on, un abus auquel on a voulu couper court, dans l'espoir de faire refluer ces candidats vers des examens et des concours plus sérieux. L'explication est plausible et elle nous fait bien mettre le doigt sur un travers national. Mais, suffira-t-il d'avoir fermé un accès trop facile à certains titres scolaires pour que ceux qui en auront été exclus s'empressent d'en mériter d'autres? Puis était-il donc si difficile de modifier les conditions soit d'entrée, soit de sortie de ces écoles et de faire en sorte qu'elles fussent mieux réservées à un recrutement qui mérite si fort d'être encouragé et surveillé?

En attendant, il est clair que ni la formation d'un nouveau personnel, ni l'attrait à exercer sur les familles par les progrès intellectuels et moraux des instituteurs, ni enfin la docilité des enfants ne sont bien encouragés.

Un décret tout à fait récent croit assurer plus heureusement le recrutement de l'enseignement primaire en ouvrant tous les deux ans des concours auxquels vraisemblablement les candidats se seront préparés là où ils auront voulu. L'idée peut être séduisante; on se flatte ainsi probablement de provoquer des efforts plus libres et des acquisitions plus personnelles. Mais libres efforts et personnalité intellectuelle, est-ce bien là ce qui est le plus désirable pour l'éducation d'enfants de six à dix ans.

Ce n'est point ici toutefois que s'est manifestée la conception la plus inattendue. La pure laïcité se voit, par les nouveaux décrets, bannie de l'enseignement primaire : très catégoriquement, on y installe et on y impose un enseignement religieux. Cette partie du programme se développera de la façon suivante ; on passera des simples prières prescrites dans les classes enfantines à l'étude rapide de l'histoire sainte; au-dessus de neuf ans ce seront des lectures historiques religieuses, concernant surtout certaines traditions locales ou nationales, des leçons élémentaires sur la morale et le dogme chrétiens, l'explication enfin des paraboles de l'Évangile.

Les parents qui voudront se réserver d'assurer eux-mêmes à leurs enfants l'enseignement religieux dans leurs propres familles devront en faire la déclaration. Dans l'école, l'enseignement religieux sera strictement catholique et les autorités hiérarchiques devront s'en assurer. M. Mussolini, après avoir déclaré qu'il n'y a pas de morale sans religion, constate comme un fait que « l'Italie est catholique ».

Cette restauration de l'enseigniment religieux dans les écoles publiques ne manquera pas d'étonner à la fois les amis et les ennemis, qui ne s'attendaient, ni les uns ni les autres, à cet apparent revirement. Plaçons-nous ici purement et simplement au point de vue italien et national. Ne craignons pas d'affirmer que les amis seront de beaucoup les plus nombreux et que les ennemis de la veille se laisseront faire sans résistance. N'en exceptons qu'un groupe de francs-maçons qui a toujours visé une politique anti-religieuse;

l'autre groupe, qui sous le nom de rite écossais forme une importante minorité de la secte, a plutôt l'esprit de ses frères d'Angleterre qui croient au moins à l'existence de Dieu. Les sectes socialistes, réformistes, communistes, syndicalistes ou républicaines ont toujours mis à part leurs traditions religieuses, qui d'ailleurs, d'après la manière dont ils les comprenaient, n'avaient rien de bien gênant.

Ils ne s'arment jamais contre les catholiques que quand ces derniers les combattent ouvertement sur le terrain des réformes sociales, ce qui est rare. Reste l'ensemble des philosophes, libres-penseurs et constructeurs de systèmes. Or ceux-là n'ont jamais été sans donner l'exemple d'une grande virtuosité dans les combinaisons de croyances et d'habitudes que nous, Français, nous déclarons contradictoires. On me l'a souvent répété : qu'un conseil municipal socialiste et son maire socialiste s'abstiennent, au moment d'une éruption volcanique, d'aller processionnellement déployer le voile de sainte Agathe, ils ne tiendront pas longtemps devant la colère populaire : on comprendra donc que le pouvoir nouveau ait voulu compter sur l'effet des « fêtes locales et religieuses ». Il se flatte de servir également la religiosité populaire et le nationalisme. En résumé, on trouvera piquant qu'en une pareille occurrence, le pouvoir laïque et militaire, servi par des ministres dont quelques-uns sont nettement hégéliens, ait devancé le pouvoir ecclésiastique dans la création d'un enseignement religieux méthodique et suivi. Il s'agira seulement de voir si aucun incident politique inattendu ne viendra provoquer de nouvelles divisions, de nouvelles haines suivies de rupture; et si le corps enseignant appliquera de nouveaux programmes avec conscience ou de mauvais gré. Quant à l'opposition maçonnique, elle est prudente et se tient coite, mais on assure qu'elle ne cesse pas de comploter, surtout à l'étranger. Quoi qu'il arrive par la suite, ce sera toujours des premières écoles élémentaires que doivent sortir les jeunes travailleurs. A-t-on pris de nouveaux soins pour les préparer à leurs tâches futures?

Nous avons déjà vu que l'Italien paraît bien compter presque uniquement sur la précocité de ses aptitudes. A part les quelques institutions dues à un petit nombre d'initiatives charitables et pieuses, l'apprentissage n'existe réellement pas, l'organisation du travail, pas davantage; et enfin les syndicats oscillent toujours entre deux rôles : un rôle de mutualité entre adultes et un rôle purement politique. Il est curieux de comparer ici de telles méthodes avec celles qui dominent dans la recherche et dans la pratique des croyances religieuses. On sait à quel point l'âme italienne est imprégnée de sentiments catholiques, comment ces derniers se mêlent, sans rien perdre de leur vivacité, à toutes sortes d'idées qui sembleraient devoir les exclure. Or il n'est pas exagéré de dire : l'enseignement populaire de la religion n'y existe à peu près pas. Le clergé français et les familles françaises consacrent volontiers plusieurs années à l'enseignement du catéchisme : je me contenterai de redire ici qu'un évêque italien se vantait devant moi comme d'un progrès d'avoir fait donner six semaines à la préparation de la première communion. Inutile d'ajouter que nombre de pères et de mères trouvent le moyen de se passer même de ces six semaines.

On ne sera donc pas surpris que cette confiance en une précocité toute spontanée préside aussi à l'entrée des adolescents dans la carrière du travail. La part relativement restreinte que l'industrie garde encore dans l'ensemble de la vie nationale n'est sans doute pas sans contribuer beaucoup à faire accepter cet état de choses. On prêtait récemment à M. Mussolini une parole qu'on a pu d'ailleurs retrouver dans bien des bouches : « La fortune de notre pays a trois sources : l'agriculture, l'émigration et les dépenses des étrangers chez nous. » Soit ! Ce n'est pas à nous de pronostiquer ici les transformations possibles et les progrès souhaitables de cette industrie dont le chef du gouvernement ne parlait pas. Mais il est certain qu'un système d'éducation bien entendu et bien accepté ne nuirait à aucune des trois autres sources.

Ne disons rien de l'agriculture : en Italie, elle est très bien servie par des travailleurs courageux et sobres et par une élite de très savants agronomes. Comme à d'autres nations et beaucoup plus encore qu'à quelques autres, il lui manque une intelligence des procédés nouveaux, des ententes nouvelles entrant dans les mœurs et persuadant par là même aux syndicats comme aux individus et aux familles de se maintenir dans des méthodes raisonnables, donc véritablement productives. Quelques bons exemples donnés çà et là sont bien loin de pouvoir suffire à une semblable métamorphose.

Il faut en dire autant de l'émigration. Elle a, nous le savons, pour l'Italie gouvernementale un double mérite : celui de porter au loin, dans toutes les parties du monde, le nom de l'Italie et la renommée des services que des États tout différents attendent et reçoivent de plusieurs millions d'Italiens. Puis le mérite de faire parvenir chaque année à la mère patrie des économies dont le montant moyen n'est pas inférieur à un demi-milliard. L'amour-propre italien n'est pourtant pas sans souffrir quelque peu de voir que toutes ces masses d'émigrés se contentent à l'étranger d'un rôle de manœuvres : elles assurent ainsi à d'autres États plus de profit qu'elles n'en retirent elles-mêmes. Par la participation toute manuelle qu'elles donnent aux grands travaux et aux grandes entreprises de leurs rivaux, elles consolident ainsi la supériorité industrielle et économique de ces derniers. La mère patrie s'écrie bien de temps à autre que sans les apports de ses émigrés plus d'une orgueilleuse industrie languirait, faute d'un nombre de bras suffisant. Elle répète que la République Argentine mérite de plus en plus de passer à ses yeux pour une œuvre nationale : elle soutient plus haut encore que la Tunisie est une colonie italienne gouvernée par les Français. La grande République sud-américaine n'en restera pas m ins sud-américaine et la Tunisie n'en restera pas moins française, précisément à cause du rôle secondaire dans lequel se cantonnent les émigrés. Et pourquoi s'y cantonnent-ils? Parce qu'à l'étranger, comme chez eux, le travail de leurs bras n'est pas relevé par une instruction suffisante, et surtout par une instruction suffisamment adaptée aux besoins changeants et aux ressources latentes d'un métier choisi. Ils se contentent volontiers de celui qu'ils trouvent sous la main et ils ne réussissent que bien peu à entrer, par sélection, dans les rangs de ces ouvriers qualifiés qui, aux États-Unis par exemple, forment comme une aristocratie du travail. La modération de leurs désirs ne les encourage d'ailleurs pas beaucoup à affronter les luttes de la concurrence, et leur peu de formation technique ne leur permet pas de profiter de leur ingéniosité naturelle.

C'est enfin cette même insuffisance qui oblige

tant de voyageurs étrangers à se contenter en Italie des œuvres de son passé. Si le royaume unifié aspire à être autre chose qu'un musée d'antiquités, fait-il tout ce qui est nécessaire pour préparer à une industrie grandissante les recrues dont elle a besoin?

Cette nécessité était bien sentie dans les provinces depuis longtemps industrieuses de la Ligurie, du Latium et d'une partie de la Lombardie. Là l'enseignement technique avait assurément grandi en nombre, car là la politique proprement dite n'avait pas tout absorbé, comme elle l'avait fait dans le Sud, dans une partie du Centre et même dans l'Est. Le corps enseignant bien peu unifié d'ailleurs, et bien peu capable de s'imprimer à lui-même une direction suivie, n'avait pas à se louer de la politique. Il se souvint longtemps de la sortie où M. Giolitti, voulant discréditer M. Salandra et le remettre à sa sa place, le traitait dédaigneusement de « professeur ». Les professeurs rendirent la pareille au ministre et flétrirent (le mot n'est pas trop fort) avec la dernière énergie sa politique à courte vue faite d'expédients contradictoires et de combinaisons improvisées. Tout un groupe d'universitaires essaya même de prendre en quelques congrès une initiative qui fut quelquefois très brillante. Cette élite était peu nombreuse ; car dans le congrès le plus digne d'être remarqué la majorité ne compta pas plus de soixante-douze voix contre trente environ. Non seulement elle était professionnelle ; mais, en dehors des professeurs en exercice et en chaire, personne n'avait l'air de s'y intéresser : dans les groupes des administrateurs et directeurs comme dans celui des parlementaires, on affectait de les ignorer.

Est-ce à dire que ces hommes fussent uniquement férus de grec et de latin? Nullement. Ils applaudissaient à la bonne volonté de certains ministres qui, pour s'éclairer sur les besoins d'un enseignement vraiment technique, multipliaient les enquêtes. Et en effet le nombre de ces enquêtes était encore dépassé par celui des questions contenues dans chacune d'elles. Il y en eut une qui ne contenait pas moins de 700 questions réparties en 77 articles.

Quelques années après s'ouvraient encore d'autres enquêtes ministérielles. Les lois succédaient aux lois, on les compta littéralement par douzaines. Donc à cet égard l'Italie n'avait rien à envier à la France.

Quant au résultat, quel fut-il? Dans une réunion où avaient été énuméré les *desiderata* essentiels des peuples civilisés en matière d'enseignement, deux hommes particulièrement compétents, MM. Galletti et Salvemini, résumèrent ainsi les conclusions de leur commission : « Nous avons tout, mais à l'état de confusion ; chaque type d'enseignement a la prétention d'être bon à tout pour lui-même et pour les autres. » Ils traitaient de véritable monstre les programmes élaborés par un certain ministre et où l'on croyait voir un de ces animaux mythologiques ayant de la tête aux pieds les organes les plus incompatibles. Sans doute les politiciens avaient cru d'un esprit plus démocratique et d'une portée pratique plus immédiate de multiplier tout de suite les écoles techniques spéciales; mais en même temps on voulait que chaque spécialité fût bonne à tout et rivalisât avec les autres par l'extension de ses propres enseignements. « Fait-on, me disait un maître milanais, des écoles spéciales de chimie, on veut que le professeur enseigne la chimie de toutes les professions. » Ailleurs on me parle de l'enseignement de l'agriculture et on m'apprend que, sur quarante et une heures de classe, huit sont consacrées à l'agriculture, le reste à tout ce qu'on voudra. Cette fièvre de tout enseigner partout amène à des contradictions assez curieuses. Dans tel enseignement où le dessin avait assurément sa place, il était introduit avec honneur dès les premières classes; mais pour faire ensuite de la place à autre chose on le suspendait dans les hautes. Alors, étant donné la nature de tout adolescent, que pouvait-il en rester de sérieux? De toutes ces critiques que concluait-on? Que l'école dite technique, telle qu'elle était pratiquée, n'était ni classique, ni technique : elle se disait technique parce qu'elle n'était pas classique; mais elle ne reposait que sur une pure négation.

Reste à voir dans quelle direction et suivant quels principes les réformateurs étaient invités à s'orienter. L'un d'eux était bien sûr de trouver un écho quand il disait : « Il faut faire des jeunes gens à l'esprit cultivé et ouvert, capables de comprendre la vie moderne dans toutes ses transformations, dans tous ses progrès, d'infuser ses progrès dans son bureau dans son domaine agricole. dans sa banque. » La formule avait grand air : elle offrait un idéal incontestablement désirable. Mais la question est précisément de savoir comment il veut être atteint : car il ne suffit pas de concevoir la perfection pour être assuré de la réaliser. Une société ne peut y réussir que par le concours et l'harmonie d'une grande variété d'efforts inégaux au moins dans les débuts. C'est quand chacun d'eux est parvenu à son point culminant que les inégalités s effacent ou s'atténuent indéfiniment pour le plus grand profit de l'ordre général. Bientôt cependant avait triomphé la conviction que le précédent orateur oubliait trop combien il est impossible qu'une même école soit vouée en même temps à une culture générale de longue préparation et à une culture spéciale ayant en vue le pain quotidien.

La majorité du congrès. trop peu écoutée, où l'on aurait pu trouver des indications bien utiles, se rallia finalement à ce principe où le problème pratique était visiblement serré de beaucoup plus près : « Il n'y a pas un seul type d'enseignement qui ne doive prendre tout de suite et conserver jusqu'au bout son caractère distinctif, imposé par la fin même qu'il poursuit, et que les conditions d'existence qui lui sont faites l'invitent, pour ne pas dire l'obligent, à poursuivre. » De ce principe se sont, en somme (et à une majorité d'environ cinquante-quatre voix contre vingt-six chez les membres présents), inspirés tous les votes importants, relatifs aux écoles de début, à la distinction même du lycée classique ancien et du lycée moderne.

Un nouveau pouvoir, devenu bien vite omnipotent, était maître d'appliquer plus ou moins fidèlement la politique scolaire si claire, si scientifique et si pratique que les meilleures compétences désiraient voir succéder aux tâtonnements incohérents de la période giolittienne.

*
* *

C'est dans un établissement d'enseignement technique et à propos de cet enseignement même que j'avais recueilli le mot : « Nous allons tout bouleverser. » En réalité, voici à quoi s'est réduit ce prétendu bouleversement : 1° l'enseignement technique aura désormais une durée de huit années au lieu de sept ; 2° les trois premières années comprendront un enseignement du latin. En dehors de ces deux innovations, rien ne paraît avoir été modifié. L'ensemble des trois premières années continue à s'appeler école technique ; celles qui suivent gardent le nom d'institut technique. Tout cela n'est guère qu'une affaire de mots : ainsi un seul et même établissement d'enseignement secondaire s'appellera toujours gymnase dans la première partie et lycée dans la deuxième.

La grande nouveauté des programmes qui vont être inaugurés est donc, disions-nous, l'introduction du latin dans l'enseignement technique. Les élèves qui voudront pousser plus loin leurs études et être admis dans des cours d'Université devront en demander le droit à un autre enseignement équivalant à peu près à notre baccalauréat-ès-sciences. Là il y aura un peu plus de latin que dans les écoles techniques. Peut-on se flatter que le latin des premières années ménagera un accès suffisant à des études plus rapprochées du vieil enseignement classique ? Peut-être. Une petite minorité y trouvera son compte : mais le souci le plus urgent de ceux qui veulent organiser un enseignement technique un et complet, bien homogène et fait, en conséquence, pour donner la plénitude de ses résultats utiles, doit viser avant tout la très grande majorité de ses adeptes. Que ces derniers se contentent des trois années de l'école ou qu'ils veuillent suivre jusqu'au bout les cinq autres années ajoutées par l'institut, à quoi leur aura servi le peu de latin qui leur aura été enseigné à dix, onze et douze ans? Je ne sais si on ne prévoit pas déjà que l'expérience pourra suggérer quelques amendements. M. Mussolini lui-même m'a dit : « Faites attention : les nouveaux programmes d'enseignement technique ne sont peut-être pas tout à fait au point. » Je dois dire toutefois que cette prudente restriction ne m'a pas paru figurer dans les explications du ministre de l'instruction publique.

De ce dernier. le très distingué M. Gentile, j'ai recueilli un mot bien caractéristique : « En introduisant le latin dans le nouvel enseignement technique. nous avons voulu relever l'italianité des classes laborieuses. » L'homme d'État qui me parlait là juge évidemment qu'on ne saurait trop rappeler à ses plus jeunes compatriotes comment l'Italie d'aujourd'hui est l'héritière la plus légitime de l'Italie d'autrefois. La similitude des deux langues est le meilleur symbole de la parité à laquelle devrait être réservé le développement des deux destinées. Soulever l'enthousiasme des Italiens pour la conquête d'une Tripolitaine était chose assez malaisée : lui offrir cette même conquête sous le vieux nom de Libye devenait plus facile : car c'était y montrer comme la réannexion d'une province jadis détachée du grand Empire. Tout ceci est dans la logique du tempérament national de l'Italie. A elle de voir ce que la carrière des petits *bambini* aura réellement gagné à avoir balbutié.

puis oublié un certain nombre de mots de la langue de Marius et de César. Ce qu'on a acquis dans l'adolescence se métamorphose, il est vrai, bien souvent sans se perdre et revit sous des aspects nouveaux ; de là des nuances d'idées et des assouplissements d'aptitudes dont l'origine reste inconnue. Toutefois c'est à la condition que ce qu'on a ainsi conservé soit entretenu par des habitudes et des travaux d'une valeur équivalente. Si, quand il s'agira d'agir et de penser par soi-même ou de se plier à de tout autres méthodes, l'ancienne culture s'arrête, alors rien ne mûrira, les semences encore enfouies se dessécheront et mourront sans retour.

La seconde innovation sera de prolonger d'un an le cours des études dites techniques. Ici se pose une question dont ne se préoccupent jamais assez ceux qui, en Italie comme en France, s'ingénient à fabriquer des programmes. Le public et les familles semblent, il est vrai, bien dociles : mais ils ont une manière brève et commode de protester, c'est de s'abstenir. En France, des hommes très zélés pour l'enseignement secondaire dit spécial auraient tenu à en relever les destinées par la création d'une cinquième année. Par malheur, on dut constater que beaucoup d'élèves se refusaient à aller au delà de la troisième. Depuis longtemps, il se passe quelque chose d'analogue en Italie. Au cours de la guerre, un ancien professeur qui avait enseigné à Turin et à Sienne était chargé de présenter au ministère de l'instruction publique un plan très complet de réforme pour l'ensemble tout entier de l'enseignement moyen. Les événements politiques n'avaient point tardé à laisser tout en suspens; mais l'honorable fonctionnaire avait bien voulu me confier le manuscrit de son travail et voici ce que j'y avais recueilli de plus saillant.

La statistique des écoles techniques et des gymnases inférieurs montre qu'une grande quantité d'enfants du peuple commencent des cours d'enseignement moyen et ne les continuent pas. Sur cent inscrits des premières années d'école technique, il n'y en a pas plus d'un tiers qui arrive au terme; de même que, sur cent inscrits de la première année de gymnase, la moitié seulement arrive au gymnase supérieur.

Beaucoup s'inscrivent à l'un ou à l'autre de ces deux établissements, parce qu'ils ne trouvent rien de mieux à leur portée et que d'autre part ils sont encore trop jeunes pour travailler dans un atelier. Il en est enfin qui, à défaut d'écoles pratiques d'arts et métiers, s'illusionnent à penser qu'ils pourraient s'élever plus haut dans l'échelle sociale pour avoir seulement gravi un ou deux degrés de l'enseignement classique. Bientôt ils s'aperçoivent qu'ils n'ont ni les moyens économiques ni les moyens intellectuels nécessaires pour patienter plus longtemps ; or il est trop tard pour revenir à une méthode plus modeste, mais plus sûre. De là des déclassés.

Le genre de désordre si bien expliqué par le distingué professeur n'est pas particulier à l'Italie : mais depuis quelque temps la France fait, pour en sortir, des efforts nouveaux. De tous les côtés, on se lamentait sur la décadence du vieil apprentissage, cher à la petite et à la moyenne industrie : quant à la grande, elle n'a pas encore fait, disait-on, tous les sacrifices voulus pour créer au préalable des école d'aprentissage et réaliser l'accord souhaité entre le travail manuel et l'instruction. On s'est cependant convaincu que l'apprentissage du premier ne se fait qu'à l'atelier et que l'instruction à donner au jeune ouvrier doit perfectionner et compléter les aptitudes déjà acquises beaucoup plutôt que de les créer par un enseignement théorique. Cette double idée avait commencé par être conçue et pratiquée dans un certain nombre de groupes soit patronaux, soit ouvriers. L'une de nos lois les plus récentes et les meilleures, la loi Astier, complétée par la loi Verlot, a fait faire dans le même sens un pas en avant. Elle a invité toutes les industries à ouvrir, chacune de leur côté, des enseignements complémentaires, c'est-à-dire destinés aux jeunes ouvriers travaillant dans un métier déterminé. Si au bout de tel nombre d'années fixé tel enseignement ou tel autre n'existait pas, l'administration aurait alors, mais alors seulement, à en créer. Un des bienfaits les plus incontestables de cette loi a été de stimuler les compétences professionnelles et de les orienter vers des buts précis auxquels concourent également le travail des mains et celui de l'intelligence. Il a paru finalement plus logique d'offrir à l'ouvrier en premier lieu ce qui le met bien en possession d'une profession lucrative, puis les moyens requis pour qu'il y ajoute peu à peu l'ouverture d'esprit, la réflexion, les connaissances et, s'il se peut, le mérite qui lui assureront dans l'ordre social une place supérieure. N'omettons pas de remarquer que les organisations syndicales tiennent et tiendront de plus en plus à honneur de travailler elles-mêmes à cette ascension graduelle du monde ouvrier sans lui faire perdre le goût de la profession, mais en la relevant au contraire à ses propres yeux et en l'y rattachant ainsi davantage.

A tout métier lucratif, agricole, industriel ou commercial, peuvent s'appliquer les observations que je recueille dans un rapport émané d'un des syndicats de la rue de l'Abbaye :

Bien des jeunes filles se destinant à la couture ont quitté l'école à l'âge de treize ans, munies tout au plus du certificat d'études primaires. C'est très insuffisant quand vient pour elles le moment de rédiger une lettre à une cliente, de faire un devis pour un costume, d'établir un compte de fournisseurs ou de façon. Le syndicat des ouvrières de l'habillement a

comblé cette lacune en alternant des cours de français
visant la revision de l'orthographe par les dictées pour
la technologie du métier, par des lettres commerciales, des réponses destinées aux clientes ayant pour
sujet soit des excuses pour un retard dans une livrai-
son, soit la description d'un modèle, etc... Des cours
d'arithmétique leur enseignent les devis pour costu-
mes par le calcul du métrage nécessaire, tissu, dou-
blure, garniture, avec l'établissement du prix de
revient ainsi que du prix possible de vente.

L'Italie, — car il est temps de revenir à elle
en reste encore aujourd'hui à la méthode routi-
nière d'un enseignement prétendu technique qui
se réduit tout à des leçons orales et à des livres.
Cet enseignement a de plus, dans chacune des
matières choisies, un caractère encyclopédique
qui ne semble se préciser sur aucun mode d'application particulier. Dans la branche de l'enseignement commercial, le professeur fera figurer
tout ce qui lui paraîtra intéresser le commerce
en général : de même pour l'industrie, de même
pour l'agriculture. Les meilleurs maîtres savent
apparemment distinguer par devers eux ce qui
est d'une portée générale et ce qui n'est utile à
connaître qu'en vue d'une fin bien déterminée ;
mais les élèves devraient être préparés à bien
saisir la nature de ces fins qu'ils veulent poursuivre de préférence aux autres, car alors ils
pourront mieux y adapter ce qu'ils auront appris.
Or le futur ouvrier italien n'aura ni au début ni

dans la suite, ni à l'issue de son long enseignement, été orienté vers aucune branche spéciale. Il n'aura pas eu ce premier apprentissage qui aurait dû le familiariser avec ces matériaux, ces outils, ce genre d'efforts et de réflexions, ces premiers succès enfin, qui sont faits pour attacher un artisan à une profession bien suivie et bien servie.

Telles sont les conditions que l'enseignement public fait aux enfants de familles laborieuses. Tout ce qu'on a pu recueillir depuis de longues années sur les qualités et les défauts des ouvriers italiens demeure exact, malgré toutes les annonces de programmes et malgré les prétendus bouleversements.

.·.

L'innovation essentielle introduite cette année même (1923) est incontestablement la suppression de ce qu'on a appelé l'enseignement classique moderne. Un certain nombre d'Italiens pouvaient prétendre que leur langue et leur littérature avaient désormais de quoi suffire à former et à meubler l'esprit des générations à venir. On ne pouvait d'ailleurs manquer, disait-on, d'y retrouver toutes les acquisitions bien consacrées du passé; et celles-ci n'avaient qu'à gagner à se mélanger avec les acquisitions contemporaines. A une telle formule les Italiens persistent à apporter cet amendement : il importe d'autant plus de remonter à la source que le flot qui en découle se charge d'apports dont la valeur est bien quelquefois précieuse, mais très souvent aussi plus que douteuse. D'ailleurs ils ont toujours à invoquer ce fait incontestable que la langue et la littérature latines sont bien pour eux la source nationale. On sait aussi quel est leur soin jaloux de faire revivre partout les traces d'une hérédité millénaire. Contenue dans de justes limites, cette ambition avide de faire revivre dans le présent et dans l'avenir les grandeurs d'autrefois est très digne de respect : elle peut même rendre de grands services à la civilisation générale. En France particulièrement, l'exemple d'une nation désireuse avant tout de raviver l'action de ses origines latines est, à tout point de vue, bon à méditer.

Le nouveau régime italien n'a cependant pas oublié le grand intérêt qu'il y a pour lui à développer une bonne culture scientifique. Aussi, tout en supprimant l'enseignement moderne, a-t-il tenu à organiser un cours d'études préparant à ce que nous appellerions le baccalauréat-ès-sciences. Une part y est faite à l'enseignement du latin : c'est là que devront se diriger les meilleurs élèves de l'enseignement technique désireux de se voir ouvrir l'accès de l'enseignement supérieur.

Tout le plan que nous venons d'esquisser contient de très bonnes idées. La grande question, c'est de savoir comment elles sont appliquées, comment se fait la distribution des divers ordres d'établissements, comment le personnel enseignant y est traité, comment enfin le caractère national se prête à la bonne application des plans et des programmes.

On sait que la législation de l'enseignement public de l'Italie distingue les gymnases et les lycées. Elle entend par gymnase ce que nous appellerions les classes de grammaire : soit quatre classes, dont deux forment le gymnase inférieur et deux le gymnase supérieur. Beaucoup d'établissements s'arrêtent là. Quant aux lycées, ils contiennent tout un gymnase sur lequel ils se superposent. Les examens sont nombreux ; il en faut toujours un pour s'élever d'une classe à une autre, et il est tout à fait reconnu que les examens de passage sont beaucoup plus réguliers et beaucoup plus pris au sérieux en Italie qu'en France. Les divers titres offerts aux élèves et aux familles sont aussi très nombreux. Il y a donc une *licence gymnasiale*, dont beaucoup se contentent, et une *licence lycéale*.

On sait à quel point les Italiens sont friands de titres et de diplômes. Le gouvernement dit bien qu'il y a là un abus, mais en attendant il en profite, et ce n'est pas un des faits les moins curieux de ce pays que le nombre et l'élévation des taxes réclamées à la multiplicité des candidats.

Une revision de ces taxes vient précisément d'être opérée pour la rentrée d'octobre 1923. N'y faisons pas figurer les frais d'école et, comme disent les textes officiels, les taxes de fréquentation. Mais parmi les frais d'examens voici ce que l'on relève : dans l'enseignement technique (cours supérieur) : 1° examen d'admission : 150 lires; 2° immatriculation : 60 lires: 3° examen dit d'*idonéité* : 100 lires: 4° examen dit d'*habilitation* : 250 lires; 5° diplôme d'habilitation : 100 lires. Le tout, bien entendu, indépendamment des frais de fréquentation. Le reste est à l'avenant. Ceux qui ont voyagé en Italie reconnaîtront ici ce genre d'ingéniosité qui fait payer une première somme pour un service global et en réclame ensuite plusieurs autres pour différentes fractions de ce même service déjà rémunéré.

Une autre réflexion s'impose ici. Depuis sa fondation, le nouveau royaume d'Italie a toujours eu besoin d'argent. Il a pris l'habitude de faire passer l'intérêt proprement fiscal avant tout autre. C'est pourquoi ce qu'il frappe le plus lourdement, c'est ce que ni les nécessités les plus impérieuses de la vie, ni les coutumes les plus invétérées de la nation ne permettent de raréfier ni de dissimuler. Pendant longtemps l'impôt auquel on demanda le plus fut l'impôt sur la mouture. C'était bien celui dont le peuple devait le plus souffrir, mais c'était celui auquel il pouvait le moins se soustraire. Le maintien d'un gros impôt sur le sel et sur son monopole émane évidemment du même esprit. Ainsi encore la plupart des grandes villes du royaume n'hésitent pas à doubler le prix des omnibus et des tramways les dimanches et jours de fête. Qu'on ne soit donc pas surpris si les finances italiennes ont été heureuses de trouver une bonne matière imposable dans le grand amour que le peuple a pour les places, pour les situations administratives et aussi pour ce qu'on peut appeler un certain décorum intellectuel. En tout cas, le nombre des élèves de l'enseignement moyen n'a pas cessé d'augmenter. Si, comme nous l'avons dit, les provinces septentrionales contribuent surtout à l'accroissement de l'enseignement technique, le Midi, qui aime la parole et les combinaisons politiques qu'elle assure, est peut-être plus fidèle encore aux anciens types d'enseignement.

L'enseignement libre, là où il existe, ne peut guère compter s'évader des charges publiques. Lorsqu'un des élèves qu'il a formés se présente à un examen quelconque, il doit acquitter en bloc tous les frais qu'il eût dû successivement payer, s'il avait suivi tous les cours de l'enseignement officiel. Cette exigence n'était pas jusqu'ici la seule qui donnât l'équivalent d'un monopole. Avant 1923, tout examen devait être passé devant les professeurs légalement chargés d'y préparer les élèves. De là un grand nombre de plaintes : on accusait les examinateurs de partialité, de prévention, d'un penchant à la routine personnelle ayant le tort de provoquer chez les élèves une tendance correspondante à ne retenir que ce qui était dans les habitudes d'esprit du professeur et à le répéter servilement. Le désir d'octroyer quelques satisfactions au parti populaire et aux amis de la liberté d'enseignement a décidé le pouvoir nouveau à modifier quelque peu cet état de choses. Dorénavant les jeunes gens ne passeront plus les examens devant leurs propres professeurs, mais devant ce qu'on a appelé pompeusement un jury d'État. Le parti populaire, dont la majorité est favorable à une plus grande liberté d'enseignement, n'avait point manqué d'accueillir avec faveur cette concession très désirée.

Ce fut l'un des premiers pas qu'il fit vers sa réconciliation avec le fascisme. Beaucoup de ses membres cependant gardent encore certaines inquiétudes. Ils se demandent comment le pouvoir formera ce jury d'État, et s'il y fera entrer par exemple des représentants de l'enseignement libre.

En d'autres milieux, on croit savoir que le pouvoir central entend donner aux exercices de sport une grande extension, et qu'il en ferait comme un service monopolisé. Il y aura là comme un encadrement d'une jeune armée fasciste et comme une manœuvre destinée à renforcer l'action administrative dans l'enseignement lui-même.

Ce qui préoccupe le plus le corps enseignant, c'est l'état actuel des émoluments qu'on lui octroie. A cet égard, le gouvernement n'a jamais été bien généreux. Au cours d'une discussion encore peu lointaine, un ministre de l'instruction publique avait dit à un membre de l'enseignement : « Est-ce que vraiment l'ensemble de vos collègues est aussi mal traité que vous le dites? » Le fonctionnaire ainsi interpellé avait répondu par une liste de maîtres dont il donnait les noms et qui ne touchaient pas plus de 700 lires par an. En 1914, il y avait eu progrès. Le professeur de gymnase débutait à 2500 lires. Dans les chaires de lycée, le traitement augmentait de 500 lires tous les cinq ans, pour s'arrêter à 7500, alors qu'à la veille même de la guerre le maximum était de 3000 lires. On voit qu'il reste encore de la marge pour arriver à l'égalité avec les traitements français.

En tous pays, les progrès de l'enseignement public dépendent surtout de l'esprit dans lequel collaborent les maîtres et les élèves, et aussi les familles : car ces dernières, même quand elles se désintéressent de l'enseignement journalier, ne manquent pas d'agir sur l'orientation de leurs enfants, sur leurs ambitions plus ou moins élevées, sur leur ardeur au travail. L'enseignement moderne n'avait eu qu'un succès très passager : sa disparition ne laisse aucun regret.

L'enseignement scientifique, avec culture obligatoire du latin, est beaucoup mieux vu. C'est là, me dit-on, qu'on trouve peut-être les élèves les plus laborieux, les plus soucieux de leur carrière, les plus attentifs aux encouragements de leurs parents. Inutile de dire ce qui les soutient, c'est-à-dire de trouver dans l'industrie les moyens de gagner davantage. Malheureusement pour eux, la crise économique dure toujours. Dans les milieux même où subsistent les établissements publics ou privés dont une grand nation ne peut pas se passer, le nombre des emplois vacants ne répond pas au nombre des demandes. Ce n'est pas seulement à Palerme et à Naples, c'est aussi à Rome et dans le Nord qu'on me dit : beaucoup de jeunes ingénieurs se voient réduits ou à s'expatrier, ou à accepter des fonctions subalternes. Vraisemblablement la crise ira s'atténuant de plus en plus, et les carrières scientifiques ne manqueront pas de retrouver des débouchés pour l'esprit pratique d'un nombre croissant de jeunes gens ; car on est unanime à observer que ce sont bien les études scientifiques qui, en Italie, sont suivies de la façon la plus satisfaisante.

Il y a pareille unanimité, au moins chez les hommes réfléchis et compétents, à se plaindre de l'état des études classiques. De loin, on s'attendrait à trouver en Italie beaucoup de jeunes ambitions littéraires, de la passion pour les larges développements, pour les conceptions brillantes et pour un style soigné. C'est cependant là ce qu'on regrette le plus de ne pas trouver, même dans les hautes classes, si j'en crois des chefs distingués d'établissements libres à Rome et à Turin. En général, i'étude des langues se fait à l'allemande, avec force étude de grammaire et de syntaxe, avec un esprit tout à fait analytique. Y font-ils au moins succéder, ai-je demandé, cet esprit de synthèse germanique, aimant dans les idées la suite et l'ensemble? On me répond résolument : « Oh! non. De l'esprit allemand comme de l'esprit anglo-saxon ils ont beaucoup plus pris les défauts que les qualités. » Ce que j'ai pu constater dans des milieux très divers me fait accepter ce dernier jugement en me laissant voir que ce sont bien en effet les lettres et la philosophie qui souffrent le plus de leur insuffisance dans les lycées italiens.

L'exercice de la version latine, que nos maîtres d'autrefois s'appliquaient à rendre difficile et par conséquent salutaire, est singulièrement réduit dans la péninsule. On lit un morceau plus ou moins long de la langue en question, puis on le traduit sommairement dans la langue maternelle. Point de ces luttes corps à corps avec une phrase, avec un mot auquel il s'agit de faire rendre tout ce qu'il avait assimilé d'intentions, de sentiments et d'idées. Plus d'exercices de traduction en deux langues rivalisant l'une avec l'autre ! La rêverie chère aux Italiens et la facilité de la parole qui ne leur est pas moins chère s'y donnent librement carrière ; la logique et l'art de s'entendre clairement avec soi-même dans toutes les parties d'un sujet donné s'en trouvent beaucoup moins bien.

La philosophie est encore l'étude qui s'offrait à nous sous l'aspect le plus paradoxal. On sait comment en France nous voyons dans les éléments de cette science le vrai couronnement des études classiques. Par la force des choses et de la tradition, notre vocabulaire philosophique est peuplé d'expressions grecques et latines : il en retient là la finesse et la grâce, ici la virilité stoïcienne. Notre langue reste donc ainsi enrichie d'un héritage qui permet de remonter des mots aux idées dans l'ordre de la pure intelligence, puis des idées mêmes aux lois qui les régissent. C'est dans l'achèvement de ces études que la jeunesse voit bien ou doit bien voir comment il y a d'autres lois que celles qui régissent le mécanisme des faits matériels, et comment les mouvements sociaux, tels que ceux de l'économie politique, par exemple, ont des lois sur le jeu desquelles on ne peut rien qu'à la condition de les bien connaître et de ne point affecter de les heurter.

De ces vérités les programmes italiens ne paraissent pas tenir grand compte, et nous en verrons bientôt les conséquences fâcheuses. D'abord l'enseignement philosophique y est divisé en trois parties successives, correspondant à nos classes de troisième, seconde et rhétorique. Commencé ainsi trop tôt, il se réduit vite à ce verbalisme dont on regrette déjà la sécheresse dans les classes littéraires elles-mêmes.

Un directeur d'études, particulièrement lucide et franc, me disait, il y a déjà une dizaine d'années, dans Turin : « Devant l'incohérence de textes et de propositions, sans liens et sans harmonie, il n'y a qu'une chose qui nous rassure, c'est que nos élèves n'y comprennent rien et perdent vite l'habitude de rien écouter. »

Il faut bien croire d'ailleurs qu'une telle opinion répond à un état d'esprit général dans le pays. Beaucoup avaient parlé ou parlent encore de supprimer purement et simplement l'enseignement philosophique. C'est à peu près le résultat auquel on ne tardera pas à parvenir par une voie fort peu détournée : l'enseignement philosophique sera donné par les professeurs d'histoire. On connaît la boutade humoristique de Schopenhauer : « La première condition pour être philosophe est de ne pas être professeur de philosophie. » A quoi un homme de simple bon sens pourrait répondre : « La première condition pour bien enseigner la philosophie, c'est d'être soi-même un philosophe. » Tel n'est pas, il faut bien le croire, l'avis des réformateurs italiens, puisque ce sont les historiens qui vont prendre la place des philosophes ; non pas seulement en histoire, mais dans la philosophie même.

Devant une pareille innovation, un Français peu au courant de l'esprit italien et de ses combinaisons si variées ne manquera certainement pas de se dire : voilà bien la réaction : elle s'inspire des coups de force du 2 décembre qui n'avaient laissé subsister dans les hautes classes que la logique, avait supprimé l'agrégation de philosophie et obligé tous les instituteurs à donner l'enseignement religieux. Si spécieux qu'il puisse paraître, ce rapprochement n'est nullement recevable. C'est dans le domaine de l'idéologie, c'est dans un mélange d'intellectualisme systématique et d'ambition nationaliste qu'a été consommé le sacrifice.

On ne peut faire autrement que d'anticiper ici quelque peu sur les idées du haut enseignement italien. Un ancien chanoine de Modène, qui avait abandonné toute croyance, pour les combattre toutes, M. Ardigo, professeur à l'université de Padoue, correspondant de la section de philosophie de l'Académie des sciences morales et politiques, développa jusqu'aux approches de quatre-vingt-dix ans un enseignement purement empiriste et sensualiste. Il le faisait d'ailleurs avec un calme, une douceur et une onction tout à fait dignes de l'état qu'il avait cru devoir abandonner. Ses plus chers élèves se plaisaient à répéter de lui ce mot qu'ils arboraient comme un programme : « Le fait est divin, le principe est humain. » Parole prétentieuse et vide, il faut bien avoir le courage de le dire : car s'il n'y a rien que d'humain, il n'y a pas de principe du tout, et si tout est fait, il n'y a rien évidemment de divin. Il ne faut pas se le dissimuler, les principes sont souvent gênants : d'autre part, on a beau dire que les faits sont des faits (ce qui d'ailleurs est exact), les esprits prévenus, les ambitieux, les jaloux et ceux qui veulent tout rapporter à eux-mêmes ne manquent jamais de trouver des faits à leur convenance et d'en solliciter l'interprétation qui leur agrée. Je me souviendrai toujours d'une conversation très prolongée et très bruyante entre Italiens qui étaient d'ailleurs bien d'accord. C'était entre Rome et Naples. Il s'agissait de certains manquements au droit international dont la France aurait eu le droit de se plaindre avant l'entrée de l'Italie dans l'alliance et dans la guerre. Ils étaient là plusieurs qui criaient à qui mieux mieux : Ne nous occupons ni du *Manouba*, ni du reste ; ne songeons qu'à nos propres intérêts, *nostri interessi.* » Est-il téméraire de penser que l'esprit italien, en mutilant les enseignements philosophiques, espère bien ne présenter à l'esprit de la jeunesse que l'exposé bien italien de faits choisis et retenus ?

La connaissance des langues, littératures et productions de l'étranger pourra-t-elle modifier, en l'élargissant, cette manière de voir? Dans les très hautes sphères, assurément oui, si toutefois l'on entend rigoureusement par hautes sphères celles où se meut librement une élite désintéressée et réfléchie. Les modifications survenues dans l'enseignement public initieront-elles bien la jeunesse de demain aux comparaisons et aux échanges voulus? Désormais l'enseignement du français cesse d'être obligatoire en Italie. Les langues, dont il devra être donné une connaissance élémentaire, seront choisies d'après la nature des voisinages et celle des rapports à ménager. Ainsi dans le Trentin, proche du Tyrol, ce sera l'allemand qui sera choisi ; sur les rives de l'Adriatique, ce sera la langue slave. Il apparaît bien ici que la raison de ces divers choix est une raison toute pratique et utilitaire.

Il n'en restera pas moins que le domaine des idées et des conflits intellectuels restera toujours ouvert à un enseignement supérieur où l'on peut dire, semble-t-il, que l'esprit souffle où il veut. C'est à ce dernier ordre d'enseignement que nous devons maintenant nous adresser pour apprendre de lui-même où il en est.

*
* *

Vers la fin du mois de mai dernier, M. Mussolini, dans l'entretien qu'il m'avait fait l'honneur de m'accorder, m'avait dit brièvement et nettement : « A l'enseignement des universités nous ne touchons pas; nous n'y changeons rien ». Les décrets promulgués depuis peu n'ont du moins apporté à l'enseignement supérieur qu'un très petit nombre de modifications, d'ordre tout à fait extérieur.

Les universités royales restent toujours au nombre de huit : Bologne, Cagliari, Gênes, Naples, Padoue, Palerme, Pise et Rome. Elles seules comprennent les quatre facultés complètes et sont entièrement dotées par l'État. A côté de celles-ci, en subsistent dix autres : Bari, Catane, Florence, Masserata, Messine, Milan, Modène, Parme, Sassari et Sienne. A ces dernières l'État ne s'engage à fournir que la moitié environ de leurs ressources, ce qui est à peu près le *statu quo*. On peut enfin y ajouter les universités tout à fait libres de Pérouse, Camerino, Ferrare et Urbino, auxquelles l'État ne donne absolument rien (1). En tout cas, on voit que la majorité numérique des universités italiennes se compose d'établissements dont les ressources doivent être plutôt minimes. Comme l'état de choses dont on les invite à s'accommoder n'est pas nouveau, il est à croire qu'elles subsisteront quand même, grâce à des fondations

(1) N'omettons pas cependant d'ajouter la nouvelle université franchement catholique de Milan, sous la direction d'un Franciscain, le P. Gemelli : elle est encore en voie d'organisation.

très anciennes, grâce au concours de certaines villes, grâce enfin aux exigences de tant de familles qui entendent conserver leurs jeunes étudiants près d'elles.

Le recrutement du corps enseignant paraît avoir été simplifié. Il n'y aura plus de distinction entre professeurs ordinaires et professeurs extraordinaires (équivalent de ce que nous appelons en France titulaires et chargés de cours). Les aspirants seront d'abord de simples *liberi docenti*. Au bout de trois années d'enseignement, les plus méritants seront nommés titulaires. Par qui ? Probablement par la réunion des professeurs où d'après leurs propositions, comme c'est depuis longtemps le cas. N'oublions pas cependant que le nouveau régime a tenu à imprimer sa marque autoritaire en réservant à l'État seul la nomination des recteurs et même celle des doyens. Tout cela n'est encore, après tout, que façade. L'important est de pénétrer dans l'intérieur et d'essayer de comprendre ce qui s'y passe.

J'ai tenu ici à consulter assez longuement un homme considérable, un critique aussi instruit que pénétrant, au langage très franc et très hardi, que j'ai souvent entendu appeler « le Brunetière de l'Italie », M. Benedetto Croce.

On peut dire de lui que c'est un homme tout à fait représentatif de ce qu'il y a de supérieur dans le monde des lettres italiennes. Ce n'est pas seulement parce que, d'abord sénateur, il a été un instant ministre de l'instruction publique, et que c'est apparemment lui qui a donné de son vivant sa propre succession à son disciple, collaborateur et ami, M. Gentile. Ses fonctions politiques n'ont d'ailleurs été dans sa vie qu'un épisode. La vaste étendue de ses connaissances et celle de sa curiosité l'ont amené à s'intéresser à tout et à tout juger : il le fait avec une franchise et une vivacité égales à celles de Brunetière, mais avec plus de bonne humeur et un penchant moins dissimulé pour le paradoxe. Dans le vieux palais napolitain dont il occupe tout un étage, il aime à faire les honneurs de son immense bibliothèque et à montrer en particulier une collection bien rangée de très beaux livres français.

Questionné par moi sur l'ensemble de l'enseignement supérieur de l'Italie, il me répond tout de suite : « Ah ! les universités de l'Italie m'en veulent toutes beaucoup. » Et, en effet, c'est ce que j'ai pu constater moi-même à bien des reprises et dans bien des parties du royaume. Il ajoute : « Elles ont d'ailleurs bien raison, car je n'ai jamais eu souci de les ménager. Ce que je leur reproche le plus à toutes, c'est d'être trop professionnelles et de métier, surtout depuis qu'elles sont envahies par les femmes. Les jeunes gens même qui suivent les cours de philosophie n'y viennent que dans l'espoir de devenir, à leur tour, professeurs de philosophie. »

Pour ce qui est des doctrines enseignées, — qui changent d'ailleurs tous les dix ans, — il souhaiterait, me dit-il, une philosophie plus européenne, embrassant ce que les grandes nations s'accordent à trouver de sûr et de fondamental. Il n'a voulu être l'esclave ni des kantiens, ni des post-kantiens. Il se sépare tout autant des empiristes. Les uns et les autres, dit-il, ne saisissent que les enveloppes extérieures de la vie, et même que des fragments disjoints de ces enveloppes. Il ne manque pas ici de rendre justice à l'élan nouveau communiqué à la philosophie française contemporaine par M. Bergson. Il entre ensuite dans sa propre voie, plus vraiment italienne. Il estime que la philosophie ne doit pas embrasser tels ou tels concepts, telles ou telles théories, ou telles ou telles lois. Il lui voudrait quelque chose de plus concret et de plus vivant, il estime qu'elle y réussirait beaucoup mieux, si elle se subordonnait davantage à l'art et à l'histoire. Je ne me dissimulais pas qu'il y avait chez lui un peu de parti pris. Il m'affirmait que l'art, art poétique, art du dessin, était essentiellement universel, et ne vivait que d'une sympathie intense avec toutes choses, tandis que toute métaphysique était nécessairement partiale et exclusive. C'était là oublier comment les artistes eux-mêmes se divisent en coloristes,

en romantiques, en symbolistes, en impression-
nistes et autres fanatistes exclusifs et passagers,
tandis que toutes les vraies métaphysiques ont
tout au moins l'ambition de s'élever à l'universel.

Cet amour de choix pour la *virtuosité* nationale de son beau pays n'est toutefois pas sans
tempérer heureusement la synthèse philosophique de M. Croce. Presque tous ses confrères,
quand ils parlent de lui, ne manquent pas de
dire qu'il est un hégélien, comme au reste la
plupart des penseurs de l'Italie méridionale. C'est
bien dans ce commerce qu'il a pris l'amour des
larges vues historiques et des doctrines esthéti-
ques. Ce qu'il y ajoute de plus italien, c'est une
fidélité persistante à faire, dans ses affections et
dans ses idées, la part de ce qui semble bien lui
rester de religion héréditaire et nationale. En
cela, l'illustre critique ne s'éloigne pas, autant
que peut-être il le croit, de la plupart de ses
compatriotes. Dans la philosophie hégélienne,
l'Italie a toujours aimé faire bon accueil aux
deux conceptions bien connues de la loi du devenir et de la conciliation des contraires. Ce qu'elle
y mêle généralement, c'est ce qu'elle avait trouvé
dans Vico, chez qui elle se flatte de nous faire
voir comme le fondateur de l'esprit hégélien.

Au-dessus des philosophes de la Renaissance
qui avaient opposé à l'esprit platonicien un
esprit expérimental et un amour passionné de
la nature, les Galilée, les Giordano Bruno, les

Léonard de Vinci, les Cesalpini, etc., on plaça
donc Vico, dont l'obscurité se prêtait à des interprétations assez diverses. On se résignait fort
bien à y louer en même temps le panthéisme et
l'adoration vague d'un Dieu personnel, la célé-
bration de la libre-pensée et la persistance d'aspirations mystiques, — sans compter celles qui
sont purement superstitieusse, — une certaine
prédilection pour les hérétiques et les moder-
nistes, avec un attachement plus persistant qu'il
n'en a l'air pour la hiérarchie ecclésiastique, dont
tous savent toujours tirer parti. N'omettons pas
enfin la théorie si connue des *riscorsi* ou retours
plus ou moins périodiques de ce qui avait pu
paraître mort et oublié. Toutes ces idées sont
bien dans les traditions nationales de l'Italie,
M. Croce ne peut pas les renier et il ne les renie
pas. Il en choisit seulement deux à l'expression
desquelles il sait donner une forme très personnelle et très vivante, la nécessité d'introduire
dans la pensée philosophique plus de sentiment,
plus d'aspirations vers l'au-delà, moyennant
quoi il sacrifie les trois quarts de l'enseignement
philosophique en le subordonnant étroitement
à l'enseignement de l'histoire. Nous voici bien
ici au cœur même des méthodes suggérées par
M. Croce à celui qui vient de lui succéder au
ministère de l'instruction publique. Bien des
fois, en effet, dans des conversations fort ins-
tructives pour moi, mon illustre interlocuteur

avait répété un mot que j'ai retrouvé dans ses livres, mais dont ni ses écrits ni lui-même ne m'ont donné d'explication : « La philosophie ne doit être que la méthodologie de l'histoire. »

J'ai trouvé de plus, en lui, une contradiction qu'il m'était difficile ne résoudre. Il aime beaucoup l'histoire, il l'encourage, il la cultive lui-même, il applaudit à ces recherches minutieuses où excelle, il faut bien le dire, l'érudition des Italiens ; mais que peut-il bien faire des leçons d'un passé déjà lointain, puisque, d'après lui, c'est sur ce qui vient d'arriver à l'instant même que l'homme d'État, comme le simple particulier, doit se guider ? Impossible de ne pas reproduire ici ces lignes qu'on a pu lire dans un de ses ouvrages écrits en français :

Entre le présent qui se fait ou se défait et le lendemain qui, une fois fait, s'impose, quelle règle adopter ? Avant tout agir sans s'embarrasser de prétendues lois étrangères, et surtout de lois supérieures. Le dessein et l'exécution ne font qu'un : l'homme agit en changeant à chaque instant de dessein, parce que change à chaque instant la réalité qui est la base de son action. Si tout va bien, il n'y a qu'à continuer. s'il y a un obstacle, à s'arrêter. L'homme doit donc être comme un discobole qui, après avoir, — selon son inspiration, — lancé son disque, regarde où il va, ou encore comme un homme qui se jette d'abord à l'eau et ensuite se dirige d'après la vague.

S'il faut donc une philosophie antérieure à

l'action, c'est celle qui délivre des hésitations, des calculs, des prévisions. La règle suprême est qu'il faut sortir de la règle, c'est-à-dire « affranchir le cas individuel qui, en tant que tel, est toujours irrégulier ».

Dans cette combinaison d'un scepticisme qui exagère ses propres incertitudes et qui dissimule autant qu'elle le peut sa propre résolution, il est facile de reconnaître une grande partie du caractère italien. Il n'est pas un citoyen de la péninsule qui ne sache de longue date dans quel sens et vers quel but il devrait diriger le mouvement de son discobole : mais, suivant le conseil de l'éminent Napolitain, il n'hésite point à s'arrêter devant un obstacle et à modifier instantanément le mouvement qu'il venait de commencer. A Turin même, le représentant de très belles familles, ayant donné personnellement son concours aux efforts de l'enseignement public, me dit en souriant : « Ceux qui croiraient que mes compatriotes sont tenaces et qu'on peut compter sur la prolongation indéfinie d'une de leurs lignes de conduite, ceux-là ont bien tort. Après s'être beaucoup agités et avoir beaucoup crié, les uns comme les autres se résignent très vite à s'arrêter, dès qu'ils se trouvent en présence d'un insuccès. »

Il résulte d'un tel état d'esprit qu'en dehors de ce qui touche aux intérêts tangibles, essentiels et permanents de la nation, la fidélité aux principes est plutôt rare : chacun a une disposition marquée à s'inspirer du mot d'Ardigo. Et aussi est-il assez difficile de tracer en Italie les linéaments soit d'une histoire de la philosophie, soit d'une histoire de l'économie politique. Un professeur fort distingué de l'université de Rome, M. Pantaleoni, m'explique très bien ce curieux mélange d'engouement exclusif et de revirement complet.

Jusqu'ici, me dit-il, les modes de nomination de professeurs de l'Université font qu'une fois établi le crédit d'un ou deux maîtres, tout est réservé à leurs disciples ou amis. Il y en a ainsi pour dix ans, jusqu'à ce que l'abus même du système fasse toucher du doigt les insuffisances ou les excès et amène la suprématie, également tyrannique à son tour, d'un système radicalement différent. M. Pantaleoni, qui est lui-même professeur d'économie politique, me donne ainsi le résumé des revirements les plus récents. Régna pendant quelque temps une économie où l'on aimait à citer M. Paul Leroy-Beaulieu, tout en invoquant l'autorité de ses prédécesseurs britanniques, amendée dans un sens vraiment libéral. Puis on s'éprit des méthodes mathématiques où l'on crut trouver la solution de tous les problèmes. On s'aperçut assez vite que la méthode mathématique pouvait bien fournir des notations ingénieuses, mais qu'il ne lui appartenait pas de dégager par elle-même la réalité des faits et des lois. On crut alors urgent de renouveler le fond des doctrines, ou plutôt de les révolutionner : on se jeta dans le marxisme pour lequel on se passionna. Le bon sens public ne tarda pas à réclamer en faveur de certains faits indéniables et de droits incompressibles. C'est alors que s'imaginèrent les plus étranges combinaisons pour concilier l'inconciliable. Le marxisme éclata donc en morceaux qui n'essayent même plus de se rejoindre les uns aux autres. Aussi, dans l'économie politique tout à fait actuelle, voyons-nous nettement s'affirmer le mouvement qui porte les esprits à la recherche des procédés devant permettre à la nation des finances mieux conduites, une administration plus économe, des échanges plus réellement productifs. Les esprits les mieux préparés à cette nouvelle orientation vont alternativement du cours d'économie aux différentes fonctions des administrations financières, industrielles ou commerciales, publiques ou privées. On en trouve même qui les mènent de front.

En philosophie pure, si je demande des nouvelles de tel professeur avec lequel j'avais été en correspondance, on me répond : « Il a fait comme d'autres, il traite encore de certains points de l'histoire de la philosophie, mais il aboutit au scepticisme. » D'autres estiment comme M. Croce qu'il faut penser à Dieu et à l'immortalité, mais ils cherchent encore une démonstration qui les satisfasse.

En économie politique, on se demande ce qu'il peut rester des lois maîtresses devant l'action de trois pouvoirs qui en font ce qui leur plaît : le pouvoir de la mode, le pouvoir de l'association et le pouvoir de l'État.

En ce moment, l'État, qui semble pouvoir tout ce qu'il veut, montre bien qu'il veut avant tout un ordre et une unité qui faisaient singulièrement défaut. Cette unité, il entend la faire respecter dans son propre parti. A ce que chaque Italien a toujours montré d'enthousiasme pour le prestige national l'État actuel prétend mettre en quelque sorte le comble par une réconciliation définitive des deux Rome, réunissant elles aussi dans un même faisceau leurs gloires anciennes ou nouvelles. Le projet est beau, mais la rançon de la gloire est et sera toujours dans le respect de la force des choses, laquelle ne peut véritablement s'imposer qu'au nom de principes plus qu'humains, donc, à plus forte raison, supérieurs aux appétits comme aux fantaisies des nations. Ce respect pouvait être assuré par l'union sacrée ; il ne pourrait pas l'être par ce qu'on avait un jour appelé l'égoïsme sacré.

TABLE DES MATIÈRES

Imprimerie E. Aubin. — Ligugé (Vienne).

LIBRAIRIE ACADÉMIQUE PERRIN ET Cⁱᵉ

Dernières Publications parues

Vaissière (P. de). **Un grand Procès sous Richelieu. L'affaire du Maréchal de Marillac** (1630-1632). 1 vol. in-8° écu.

Lenotre (G.). **Paris Révolutionnaire. Vieilles Maisons, vieux papiers. 5ᵉ Série.** 1 vol. in-8° écu.

Lagerlof (S.). **Le Monde des Trolls,** traduit du suédois par T. Hammar. 1 vol. in-16.

Curzon (H. de). **Ernest Reyer, sa vie et ses œuvres** (1823-1909). 1 vol. in-16.

Schuré (Ed.). **Merlin l'Enchanteur,** légende dramatique. 1 vol. in-16.

Achmed Abdullah. Un Parfait Gentilhomme et quelques autres, traduit de l'anglais par Mme Clémenceau-Jacquemaire. 1 vol. in-16.

Brunetière (F.) de l'Académie française. **Pages sur Ernest Renan.** 1 vol. in-16.

Morice (H.) **Jules Lemaitre.** Préface de J. Gahier. 1 vol. in-16.

Bouchardon (P.). **La Tuerie du Pont d'Andert** (1838). 1 vol. in-16.

Lefebvre (L.). **Lazare ou la Danse des Ombres.** 1 vol. in-16.

Allorge (H.). **Petits poèmes électriques et scientifiques.** Préface de Ed. Schuré. 1 vol. in-16 jésus.

Pailleron (M.-L.). **Les Écrivains du Second Empire. François Buloz et ses amis.** 1 vol. in-8° écu.

Guerlin (Hⁱ). **L'Espagne moderne vue par ses écrivains.** 1 vol. in-16.

Mouton (Léo.). **Le Duc et le Roi** — d'Epernon — Henri IV — Louis XIII. 1 vol. in-8° écu.

Loredan (J.). **La Machine infernale de la rue Nicaise** (3 nivôse, an IX). 1 vol. in-16

Arrigon (L.-J.). **Les Débuts littéraires d'Honoré de Balzac,** d'après des documents inédits. 1 vol. in-16.

Grivet (A.). **Le Chevalier noir,** pièce en 3 actes, en vers. 1 vol. in-16.

Vallery-Radot (R.). **La Terre de vision,** récit d'un pèlerin. 1 vol. in-16

Viebig (C.). **Filles d'Hécube,** traduit de l'allemand par H. Cavaignac. 1 vol. in-16

Dupont (E.). **Le Véritable Chevalier Destouches. Chasseurs et Chasseresses du Roi** (1792-1804). 1 vol. in-8° écu.

Romier (L.). **Catholiques et Huguenots à la Cour de Charles IX** (1560-1562). 1 vol. in-8° écu.

Imp. Henri Diéval, 57, rue de Seine. Paris

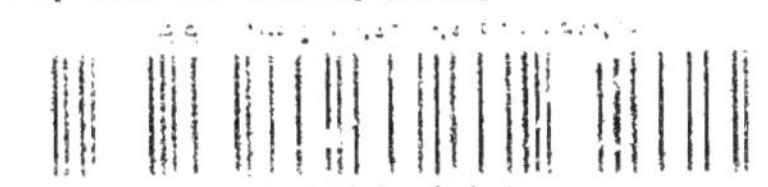

LIBRAIRIE ACADÉMIQUE PERRIN ET Cie

Dernières Publications parues

Vaissière (P. de). Un grand Procès sous Richelieu. **L'affaire du Maréchal de Marillac** (1630-1632). 1 vol. in-8° écu.

Lenotre (G.). Paris Révolutionnaire. **Vieilles Maisons, vieux papiers.** 5e Série. 1 vol. in-8° écu.

Lagerlof (S.). **Le Monde des Trolls,** traduit du suédois par T. Hammar. 1 vol. in-16.

Curzon (H. de). **Ernest Reyer,** sa vie et ses œuvres (1823-1909). 1 vol. in-16.

Schuré (Ed.). **Merlin l'Enchanteur,** légende dramatique. 1 vol. in-16.

Achmed Abdullah. Un Parfait Gentilhomme et quelques autres, traduit de l'anglais par Mme Clémenceau-Jacquemaire. 1 vol. in-16.

Brunetière (F.) de l'Académie française. **Pages sur Ernest Renan.** 1 vol. in-16.

Morice (H.) **Jules Lemaitre.** Préface de J. Gahier. 1 vol. in-16.

Bouchardon (P.). **La Tuerie du Pont d'Andert** (1838). 1 vol. in-16.

Lefebvre (L.). **Lazare ou la Danse des Ombres.** 1 vol. in-16.

Allorge (H.). **Petits poèmes électriques et scientifiques.** Préface de Ed. Schuré. 1 vol. in-16 jésus.

Pailleron (M.-L.). **Les Écrivains du Second Empire. François Buloz et ses amis.** 1 vol. in-8° écu.

Guerlin (H^t). **L'Espagne moderne vue par ses écrivains.** 1 vol. in-16.

Mouton (Léo.). **Le Duc et le Roi — d'Epernon — Henri IV — Louis XIII.** 1 vol. in-8° écu.

Loredan (J.). **La Machine infernale de la rue Nicaise** (3 nivôse, an IX). 1 vol. in-16

Arrigon (L.-J.). **Les Débuts littéraires d'Honoré de Balzac,** d'après des documents inédits. 1 vol. in-16.

Grivet (A.). **Le Chevalier noir,** pièce en 3 actes, en vers. 1 vol. in-16.

Vallery-Radot (R.). **La Terre de vision,** récit d'un pèlerin. 1 vol. in-16

Viznia (C.). **Filles d'Hécube,** traduit de l'allemand par H. Cavaignac. 1 vol. in-16

Dupont (E.). **Le Véritable Chevalier Destouches. Chasseurs et Chasseresses du Roi** (1792-1804). 1 vol. in-8° écu.

Romier (L.). **Catholiques et Huguenots à la Cour de Charles IX** (1560-1562). 1 vol. in-8° écu.

Imp. Henri Diéval, 57, rue de Seine, Paris

www.ingramcontent.com/pod-product-compliance
Lightning Source LLC
LaVergne TN
LVHW010935180726
843502LV00004B/965